W0470341

Karin Harms

Mit Kindern unterwegs

Entlang der Ostseeküste Mecklenburg-Vorpommerns

Mit freundlicher Unterstützung der

OSTSEE ZEITUNG
Weil wir hier zu Hause sind

Fleischhauer & Spohn Verlag

Über fünfzig Ziele hat die Reisejournalistin **Karin Harms** mit ihrer Familie für dieses Buch bereist und besucht. Dabei waren die Meinungen ihrer Kinder ausschlaggebend für die Berücksichtigung und Aufnahme der Ziele. Die Ostseeküste Mecklenburg-Vorpommerns ist ein wahres Familienparadies für einen Tag, einen Kurzurlaub oder für die großen Ferien im Hotel, in der Ferienwohnung oder auf dem Bauernhof. Die schönsten Seebäder, die spannendsten Touren für Klein und Groß, Tiere oder Technik, Rad oder Kanu: Mit diesem Band ist der Urlaubsspaß garantiert, auch wenn die Sonne mal nicht scheint. Faszinierende Städte und spannende Museen wollen entdeckt sein, schade wäre es, blieben alle nur am Strand...

Ausführliche Info-Teile am Ende jedes Kapitels machen die Planung des Ausflugs leicht und sind unverzichtbare Ergänzungen der Tourenvorschläge.

Titelbild: „Leuchtfeuer Dornbusch" auf Hiddensee

Bildnachweis: Erlebnis- & Tigerpark Dassow (S. 12); Seebrücken-Restaurant, Sellin (S. 84); Touristinformation Karlshagen (S. 114), die restlichen Aufnahmen stammen von der Verfasserin.

U4-Karte: Gestaltungsatelier Gebhard, 74821 Mosbach
gestaltungsatelier.gebhard@t-online.de

© 2006 by Fleischhauer & Spohn Verlag, 74321 Bietigheim-Bissingen

Gesamtherstellung: Laub GmbH & Co., 74834 Elztal-Dallau

ISBN-10: 3-87230-597-2

ISBN-13: 978-387230-597-8

Inhalt

Inhalt

Inhalt

Von Greifswald bis Ueckermünde

Strandbäder:

Ausflüge:

Rund 1 700 Kilometer Ostseeküste – welch ein Geschenk! Bei den Recherchen zu diesem Reiseführer habe ich mir Mecklenburg-Vorpommern mit meiner Familie Stück für Stück erobert – und dabei Erstaunliches entdeckt: stille Seen, verträumte Bodden, schroffe Felsküsten, stolze Hansestädte, schneeweiße Traumstrände, imposante Ruinen, idyllische Flüsse, wundervolle alte Villen und Seebrücken, die so herrlich sind, dass einem der Atem stockt.

Wo es am schönsten ist? Ich weiß es wirklich nicht. Bei unseren Reisen durch das Land am Meer hat jeder in meiner Familie sein Paradies an einer anderen Stelle entdeckt: Mein Mann in einem Kanu auf dem stillen Fluss Peene, meine Tochter in einem Vogel aus Stahl auf dem Flughafen der Stadt Anklam, mein Sohn im Wildwasser-Rondell des Rügenparks, und ich kann mich nicht entscheiden, ob es nun im Land der Kraniche liegt, auf Hiddensee oder doch irgendwo auf der Insel Poel im Frühling.

Was für Sie der schönste Platz zwischen Boltenhagen und Ueckermünde ist, müssen Sie also schon selbst herausfinden.

Natürlich: Überall lockt die Ostsee mit ihren Seebädern. Mal mondän, mal verträumt. Wenn das Wetter mitspielt, ist es deshalb leicht, einfach nur perfekte Sommerfreuden zu genießen: Für die Kinder wird der Strand zu einer riesengroßen Buddelkiste, die jede Menge Baumaterial für die schönsten Sandburgen der Welt liefert – für die Eltern der Strandkorb zum Ort der Entspannung pur. Wer Mecklenburg-Vorpommern aber richtig kennen lernen will, der muss ins Hinterland. Und das lohnt sich zu jeder Jahreszeit. Also: Rauf aufs Rad, rein in die festen Wanderschuhe oder Rucksack packen für Ausflüge kreuz und quer durch Stadt und Land.

53 Touren haben wir für Sie dafür in diesem Buch zusammengestellt. Es hätten auch 97 sein können oder 129. Denn so viel steht fest: Wer Urlaub an Mecklenburg-Vorpommerns Küste macht, kann wirklich aus dem Vollen schöpfen. So bleibt am Ende nur ein Rat: Probieren Sie's einfach aus – und machen Sie sich auf die Suche nach Ihrem persönlichen Paradies. Ich bin sicher: Irgendwo dort werden Sie es finden.

Karin Harms

Das Geheimnis der Meerjungfrau

Ein vier Kilometer langer und bis zu 60 Meter breiter, feiner Sandstrand ohne Steine, windgeschützt in der Mecklenburger Bucht, von dem aus es ganz seicht hinein ins Ostseewasser geht, dazu mehrere Spielplätze in Wassernähe, eine breite Strandpromenade und eine Seebrücke, die 290 Meter ins Meer hineinragt: Keine Frage, Boltenhagen ist einer von Mecklenburgs Traumstränden für Familien mit kleinen Kindern. Weil sich das natürlich längst herumgesprochen hat, sollten Sie rechtzeitig ein Sommerferiendomizil buchen. Das gilt allerdings im Grunde für alle beliebten Badeorte entlang der Mecklenburger Ostseeküste. Von der Seebrücke starten Ausflugsdampfer zu anderen Ostseebädern und zur Insel Poel. Und für Badespaß an kühlen Tagen sorgt die Boltenhagener **Ostsee-Therme**.

Egal, was auch immer Sie in Boltenhagen unternehmen: Irgendwann wird irgendwer Ihnen folgende Frage stellen: „Haben Sie unsere Meerjungfrau eigentlich schon gesehen?“ Damit Sie da nicht passen müssen, machen Sie sich am besten gleich auf den Weg den

Die geheimnisvolle Meerjungfrau (s. Hinweis im Info-Teil)

Strand entlang in Richtung Nordwest, direkt auf die Steilküste Redewisch zu. Wenn Sie etwa eine Dreiviertelstunde am Strand entlanggewandert sind, das Meer rauscht auf Ihrer rechten Seite, sehen Sie sie dann direkt im Schatten der ersten Steilklippe auf einem großen Findling sitzen. Fast wie die kleine Meerjungfrau aus Andersens Märchen im Hafen von Kopenhagen – nur reifer und ungleich schöner! Die Geschichte, die sich um sie rankt, ist aber mindestens genauso märchenhaft, denn niemand weiß, wie die Bronze-Nixe in der Silvesternacht auf den 1. Januar 2005 eigentlich dorthin gekommen ist! Plötzlich war sie da – und mit ihr ein Hinweisschild. Bleibt zu hoffen, dass sie irgendwann bei Nacht und Nebel nicht wieder genauso rätselhaft verschwinden wird.

Wie kommt man nach Boltenhagen?

ÖPNV:	Mit der Bahn nach Grevesmühlen oder Wismar, ab da Busverbindung.
PKW:	A 20, Ausfahrt Grevesmühlen, Richtung Grevesmühlen, danach Richtung Boltenhagen.

Kurverwaltung Ostseeallee
Ostseeallee 4, 23946 Ostseebad Boltenhagen

Infos:	Telefon 03 88 25/3 60-0, Fax -30, Ostseebad-Boltenhagen@t-online.de, www.boltenhagen.de;

Tourismuszentrale Ostseebad Boltenhagen
Weidenstieg 7, 23946 Ostseebad Boltenhagen

Infos:	Telefon/Fax 03 88 25/25 00 38, TOB@tourismuszentrale-boltenhagen.de, www.tourismuszentrale-boltenhagen.de;

Ostsee-Therme Boltenhagen
Ostseeallee 106, 23946 Ostseebad Boltenhagen

Infos:	Telefon 03 88 25/4 93, Fax /4 94 44;

Kartentipp:

1 : 30 000	Boltenhagen, Klützer Winkel (Verlag grünes herz)

Hinweis:
Kurz vor Drucklegung haben wir erfahren, dass die Meerjungfrau vom Strand entfernt wurde. Ob sie wieder auftaucht, bleibt ungewiss.

2 Wohlenberger Wiek

Die Ruhe vor dem Sturm

Die Gegend rund um das Wohlenberger Wiek gilt als eines der letzten Paradiese für Ruhe suchende Sommergäste. „Eingeklemmt" zwischen den Tourismuszentren Boltenhagen und Wismar hat es sich ein gutes Stück Ursprünglichkeit bewahrt. Der Strand ist wie eine sichere Badewanne für kleine Wasser-Wichtel. Die Ostsee ist hier in Ufernähe von Sandbänken durchzogen und so flach, dass sie sich bereits im Frühsommer schnell erwärmt. Erwachsene können rund zwei Kilometer ins Meer hineinmarschieren, ohne nasse Knie zu bekommen. Das garantiert für kleine Kinder ungetrübten Badespaß und Entspannung für die Eltern. Gleich hinter dem Strand hebt sich eine wildromantische Steilküste in den Himmel.

Zeit, den Proviant auszupacken (Insel Poel, s. Kapitel 3)

i

Wie kommt man zum Wohlenberger Wiek?

PKW:	Von Wismar auf der B 105 zunächst Richtung Gägelow, dann Richtung Boltenhagen.

Kartentipp:

1 : 30 000	Boltenhagen, Klützer Winkel (Verlag grünes herz)

Der Traum von kilometerlangen Stränden

Weil Poel eine Insel ist, hat sie natürlich Wasser und Strand satt zu bieten (s. Kapitel 9). Stundenlang kann man zwischen Timmendorf im Süden und Gollwitz im Norden am feinen, weißen Traumstrand entlangspazieren. Besonders geeignet für Familien mit kleinen Nichtschwimmern ist der (bewachte) Strand „Am Schwarzen Busch“ und der Strand in Gollwitz. An Letzterem ist das Wasser sogar so flach, dass man die kleine, vorgelagerte Insel Langenwerder zu Fuß erreichen könnte. Darf man allerdings nicht, weil sie ein Vogelschutzgebiet ist und damit gilt: „Betreten verboten“. Jede Menge Aktion, Nervenkitzel und Wasserspaß für größere Schwimmer gibt es dagegen am Timmendorfer Strand. Dort kann man Tauchen lernen und jede mögliche Art von Wassersport ausprobieren.

Wie kommt man zur Insel Poel?

ÖPNV:	Mit der Bahn bis Wismar, ab dort mit dem Bus.
PKW:	A 20, Ausfahrt „Insel Poel“.

Kurverwaltung
Wismarsche Straße 2, 23999 Kirchdorf

Infos:	Telefon 03 84 25/2 03 47, www.insel-poel.de;

Tourismuszentrale Insel Poel
Haus Nr.12, 23999 Gollwitz

Infos:	Telefon/Fax 03 84 25/2 17 68, TIP@insel-poel.info, www.insel-poel.info;

Kartentipp:

1 : 30 000	Wismar, Insel Poel (Verlag grünes herz)

Zum Mitmachcirkus in den Erlebnis- & Tigerpark Dassow

Haben Sie Ihrem Kind schon einmal zugejubelt, wenn es sich unter dem rot-gelb-gestreiften Dach eines Zirkuszeltes formvollendet verbeugt, mit stolzgeschwellter Brust und leuchtenden Augen? Nicht? Diese nervenaufreibende Erfahrung können Sie im **Erlebnis- & Tigerpark Dassow** machen. Zweimal täglich dürfen Nachwuchsartisten unter der Kuppel des Zirkuszelts für ihren großen Auftritt trainieren. Um 13 Uhr und um 16.30 Uhr ist es soweit. Dann heißt es: „Vorhang auf für kleine Stars in der Manege“! Lampenfieber natürlich inklusive.

Dabei mag man getrost spekulieren, wer während des einstündigen Programms eigentlich aufgeregter ist: die Artisten oder das Publikum. Halten Sie sich aber bloß nicht die Augen zu, wenn Ihr Kind gerade über ein zweifingerdickes Drahtseil balanciert! Zücken Sie lieber die Kamera, denn das ist ein Augenblick, der es wahrhaft verdient, für die Nachwelt eingefangen zu werden. Welches Kind träumt schließlich nicht davon, einmal in einer richtigen Zirkusmanege aufzutreten?

Dass das Seil in einer Höhe gespannt ist, die Ihr Kind nur gebückt unterwandern könnte, mag dabei beruhigen – schmälern wird es den donnernden Szenenapplaus aber selbstverständlich nicht.

Aug' in Aug' mit wilden Tieren

Gemeinsam kräftig klatschen können Eltern und Kinder dann beim Tiertraining (Trainingszeiten s. Info-Teil). Und da sind natürlich die Tiger der absolute Höhepunkt. Vor allem die goldenen, denn von dieser speziellen Züchtung gibt es zur Zeit weltweit nur 25 Exemplare zu bestaunen. Fünf davon in Dassow. Im Mai 2003 hat Familie Farell dort eine der größten Tigeranlagen in Deutschland eröffnet. Senior Dieter Farell ist seit 54 Jahren Tigertrainer und träumte während der Reisen mit seinen Raubkatzen kreuz und quer durch Europas Zoo- und Zirkuswelt davon, irgendwann mit seinen Tigern sesshaft zu werden. So entstand der Park in Dassow zwischen Lübeck und Grevesmühlen.

Zweimal täglich trainieren er und sein Sohn René nun vor Publikum mit den eleganten Raubkatzen. Und das ist für große und kleine Zirkusfans eine einmalige Gelegenheit, quasi aus erster Hand mehr über diese Tiere zu erfahren. Zum Beispiel, dass sie gar nicht satt sind, wenn sie nur ein paar Meter von den Zuschauerbänken entfernt (hinter Gitterstäben, versteht sich) ihre Sprungkraft unter Beweis stellen. „Ein sattes Tier will einfach nur seine Ruhe haben", erklärt Dieter Farell dem staunenden Publikum. Wer es dann zum Auftritt zwingt, lebt gefährlich, denn genau in solchen Situationen passieren die meisten Unfälle.

Weil das bei Kindern anders ist, gibt es im Park viele Tische und Bänke, um ein mitgebrachtes Picknick zu genießen. Das füllt nicht nur leere Mägen wieder auf und macht fit für den Auftritt in der Manege, sondern schont auch die Ausflugskasse, denn eine Familien-Ermäßigung gibt's im Tigerpark leider nicht, wohl aber ermäßigte Preise für Kinder bis 14 Jahren. Der Park ist eher klein und damit übersichtlich: Vom Eingang geht es geradeaus am Spielplatz (rechts) vorbei und dann entweder schnurstracks in die Trainings-Zirkushalle oder scharf links ab zum Mitmachcirkus – je nach Uhrzeit (s. Info-Teil). Die Tigergehege befinden sich hinter der Vorführhalle, die anderen Tiergehege für Lamas & Co. linker Hand zwischen Eingang und Mitmachcirkus.

Erlebnis- & Tigerpark Dassow
Gewerbestraße 35 – 53, 23942 Dassow

i

Wie kommt man hin?

ÖPNV:	Mit der Buslinie 300 ab Hbf Wismar oder Hbf Lübeck, Haltestelle „Siedlung/Holmer Berg".
PKW:	Von Wismar über die B 105 Richtung Gägelow/Grevesmühlen/Mallentin.
Geöffnet:	Ende März bis Oktober 10.00 – 18.00 Uhr

Training:	*Tigertraining*:	
	täglich	12.30 Uhr und 16.00 Uhr
	Mitmachcirkus:	
	Training täglich	11.30 Uhr und 15.00 Uhr
	Vorstellung täglich	13.00 Uhr und 16.30 Uhr
	Fragen hierzu: monicafarell@tigerpark.de;	
Infos:	Telefon 03 88 26/8 81-80, Fax -81, info@tigerpark.de, www.tigerpark.de;	

Tipp:
Falls es auf dem Weg liegen sollte: Machen Sie einen Abstecher nach *Neuleben* im *Wakenitztal*. Mit etwas Glück gibt es dort wilde, exotische Tiere in freier Wildbahn zu sehen: Vor ein paar Jahren sind aus einem Gehege in Schleswig-Holstein ein paar Nandus – Straußenvögel – ausgebüxt und gelangten über die zugefrorene Wakenitz sicher nach Mecklenburg. Sie vermehren sich nun in ihrer neuen Wahlheimat munter weiter.

Kartentipp:
1 : 30 000 Dassow, Travemünde (Verlag grünes herz)

Anzeige

www.tigerpark.de
Eintritt: Erwachsene 8,
Kinder u. Rentner 6 Euro
ERLEBNIS
&
TIGERPARK
DASSOW

Im Everstorfer Forst backt der Teufel seine Brote

Zugegeben: Es klingt paradox, aber die riesigen **Hünengräber** im **Everstorfer Forst** sind gar nicht leicht zu finden. Fast scheinen sie sich in den Weiten des Waldes zu verstecken. Am besten fahren Sie deshalb von Grevesmühlen aus die B 105 in Richtung Wismar. Ein gutes Stück hinter Neu Degtow biegen Sie links auf einen Parkplatz. Wer sich jetzt ganz genau umguckt, findet auch die Hinweisschilder zur *Südgruppe der Großsteingräber*. Mit dem Parkplatz im Rücken und die Kinder fest an der Hand überqueren Sie dann die Bundesstraße und marschieren den kleinen Waldweg gegenüber hinauf (die Kinder können Sie nun natürlich loslassen!). An der Weggabelung geht es links tiefer in den Wald hinein. Aber nur etwa 100 Meter, dann laufen Sie auch schon direkt auf den **Teufelsbackofen** zu. Das ist ein komplettes Megalithengrab (ein Grab aus großen Steinen) aus der Jungsteinzeit, das von 19 Monolithen – also einzelnen Steinen – eingefasst ist und von zwei riesigen Felsblöcken abgedeckt wird. Die Grabkammer ist 1,30 Meter hoch, 2,50 Meter lang und 1,80 Meter breit und damit äußerst einladend, um einen Blick in die heilige Grabstätte unserer Vorfahren zu werfen. Mein Sohn allerdings weigert sich hartnäckig: „Da geh' ich nicht rein. Da lag schließlich mal ein Toter drin." sagt er entrüstet und beweist, wie gut er auf diese Reise in die graue Vorzeit vorbereitet ist. Stimmt nämlich: Vor über 5 000 Jahren begannen die Bauern und Viehzüchter der so genannten „Trichterbecherkultur" ihre Toten in solchen – und ähnlichen – Dolmen zu bestatten. Der Name dieser Kultur geht auf die typische Keramik der Jungsteinzeit in Norddeutschland zurück. Die bestand nämlich aus mittelgroßen Gefäßen mit trichterförmigem Hals (s. Kapitel 6). Wie unsere Urahnen diese monumentalen Steinkolosse bewegt haben mögen, beeindruckt große und kleine Zeitreisende gleichermaßen noch heute.

So wurden die Gräber gebaut

Die großen Steine für die Dolmen lagen nicht etwa irgendwo herum, sondern mussten zum Teil aus riesigen Felsblöcken abgespalten werden. Dafür wurde an der entsprechenden Stelle zunächst ein längliches Feuer errichtet – und schließlich mit kaltem Wasser wieder gelöscht. Dadurch entstand ein Riss im Felsen. Mit Hammer und Keil wurde der Felsen an dieser Stelle dann in mühevoller Arbeit gespalten. Zum Transport der Steinblöcke dienten Rundhölzer aus Baumstämmen, über die die Blöcke per Muskelkraft Stück für Stück gezogen wurden – bis hin zu ihrem Bestimmungsort. Dort wurden die Blöcke über aufgeschüttete Rampen hinaufgezogen und anschließend passgenau im dahinter gegrabenen Loch versenkt. Wenn alle

Tragsteine an der richtigen Stelle standen, wurden die Zwischenräume mit Erde aufgefüllt, bis ein Hügel entstand, auf dem die Deckensteine hochgezogen werden konnten. Anschließend wurde die Erde wieder entfernt – und das Dolmengrab war fertig.

Kein Wunder, dass unsere direkteren Vorfahren sich den Bau dieser prähistorischen Gräber anders erklärten: Sie glaubten, dass da mindestens Riesen am Werk waren. Daher auch die Bezeichnung Hünen (= Riesen)-Gräber. Und den Teufelsbackofen konnte ganz sicher nur der Teufel selbst gebaut haben. Als Backofen eben, um darin sein Brot – oder gar Schlimmeres – knusprig braun zu backen. Eine Vorstellung, die auch meinem Sohn viel besser gefällt. Auf einem erkalteten Riesen-Ofen lässt es sich schließlich prima herumklettern. Die Erwachsenen können es sich derweil am kleinen, überdachten Picknickstand gemütlich machen. Rechts neben dem Teufelsbackofen ist übrigens noch eine andere typische Grabanlage aus der Steinzeit zu bestaunen: ein langgestrecktes Dolmengrab, in dem viele Tote gleichzeitig beigesetzt wurden. Bei einem anschließenden Waldspaziergang haben Sie dann Gelegenheit, noch weitere stumme, steinerne Zeugen unserer Vergangenheit zu finden – oder eben auch nicht! Eine Tafel am Parkplatz gibt zumindest eine grobe Orientierung, wo Sie suchen müssen.

Die Nordgruppe der steinernen Gräber liegt ein paar Kilometer weiter – Richtung Norden. Dazu kehren Sie der Bundesstraße den Rücken und fahren die kleine Straße, die vom Parkplatz weiterführt, in Richtung Barendorf. Durch das Dorf schlängelt sich eine

Wer traut sich da rein?

„Straßenachterbahn“: steil rauf, steil runter – und wieder von vorn. Hinter Barendorf geht’s nur entweder rechts oder links weiter. Sie fahren links in Richtung Wald. Linker Hand, gleich bei den ersten Bäumen, liegt die *Nordgruppe* der Everstorfer Steinzeitzeugen. Dort gibt’s auch einen *archäologischen Lehrpfad*, auf dem Sie die Reise zurück in die ferne Vergangenheit nochmal mit purem Wissen unterfüttern können. Die Straße durch den Wald führt dann wieder Richtung Neu Degtow und damit auf die Bundesstraße nach Grevesmühlen zurück.

i

Wie kommt man zu den Everstorfer Hünengräbern?

PKW:	A 20, Ausfahrt Grevesmühlen, Richtung Grevesmühlen, dann auf die B 105 Richtung Wismar. Kurz hinter Neu Degtow links auf einen Parkplatz.

Stadtinformation Grevesmühlen
Rathausplatz 2, 23936 Grevesmühlen

Infos:	Telefon 0 38 81/7 23-2 22, Fax -1 11, stadtinfo@grevesmuehlen.de, www.grevesmuehlen.de;

Tipps:
Ein Besuch in Grevesmühlen mit seiner St.-Nikolai-Kirche, dem Stadtmuseum, der historischen Malzfabrik und der Holländer-Windmühle mit Glasbläserwerkstatt und Galerie lohnt sich.

Im Hochsommer findet am Ploggensee zu Grevesmühlen ein *Piraten-Spektakel* statt (www.tradition-piraten.de).

Kartentipp:

1 : 75 000	Mecklenburgische Ostseeküste, Wismar – Rostock (Verlag grünes herz)

Wie lebten die Trichterbecher-Kinder?

Der Sprung vom Reich der Toten bis ins Reich der Lebenden ist etwa zehn Kilometer lang: Von Grevesmühlen fahren Sie nach Norden die Landstraße Richtung Klütz/Ostseebad Boltenhagen hinauf. In Rolofshagen weist ein Schild links den Weg zum **Steinzeitdorf Kussow**. Es liegt mitten in einer der fruchtbarsten Landschaften Norddeutschlands: dem Klützer Winkel. Dort gibt es Baumalleen wie aus dem Bilderbuch. Ein guter Platz, um als Ackerbauer und Viehzüchter sesshaft zu werden – fanden schon die Menschen der Steinzeit vor mehr als 5 000 Jahren. Wie sich das Alltagsleben in grauer Vorzeit abgespielt haben könnte, erfahren große und kleine Besucher im Steinzeitdorf. Das Museum, das in Zusammenarbeit mit dem Natur- & Heimatverein Nordwestmecklenburg und der Uni Hamburg entstand, lässt so die Steinzeit wieder lebendig werden. Die Hausmodelle wurden nach Grundrissen archäologischer Funde rekonstruiert und machen auch für kleine Forscher spürbar, wie hart das Leben früher war. Zum Beispiel beim kräftezehrenden Getreidemahlen zwischen zwei Steinen. Dort sind übrigens auch die typischen Trichterbecher-Keramiken (s. Kapitel 5) zu sehen. Die Kinder können ihre Nasen in die Hütten und Häuser der Jäger und Sammler stecken, erfahren, mit welchen Geräten und Werkzeugen sie gearbeitet und wo sie geschlafen haben, welche Kleidung sie trugen, wie die hergestellt wurde und welche Haustiere sie hegten und pflegten. Dabei dürfen sie vieles selber ausprobieren. Gleich am Eingang beispielsweise: unter Anleitung kleine Teppiche auf Steinzeitart weben. Für eine geringe Unkostenbeteiligung ist das ein schönes

Und das soll mal ein Teppich werden?

Andenken und ein wunderbares Mitbringsel fürs Puppenhaus oder für Omas Nachttisch. Planen Sie dafür auf jeden Fall genügend Zeit ein. Meine Tochter hat zum Beispiel gleich zwei dieser Teppiche gewebt – und war selbst danach nur mit Mühe zu stoppen. Der Teppich meines Sohnes wurde dagegen sehr, sehr, sehr, sehr klein – und verdient den Namen genau genommen gar nicht. Dafür hatten es ihm die steinzeitlichen Jagdmethoden angetan – und auch die brauchen schließlich ihre Zeit. Kein Wunder, denn das Bogenschießen ist ein absoluter Höhepunkt im Steinzeitdorf Kussow. Vom Eingang geht es gleich scharf rechts am Zaun entlang durch den Pflanzengarten, dann links herum an den Schafen und Lämmern vorbei zum Bogenschießstand. Dort können kleine Steinzeit-Robin-Hoods mit einem Weidenbogen und (stumpfen) Pfeilen auf eine Scheibe zielen oder auf ein ausgestopftes Wildschwein. Waldmanns Heil!

i

Steinzeitdorf Kussow
Kussower Weg, 23948 Kussow

Wie kommt man hin?

ÖPNV:	Im Sommer fährt der „Klützer Kaffeebrenner", die Ostsee Eisenbahn (s. Kapitel 7, Tipp), von Klütz nach Grevesmühlen. Von der Haltestelle „Moor" ist es nur gut 1 km Fußweg zum Steinzeitdorf.	
PKW:	Von Grevesmühlen Richtung Klütz/Ostseebad Boltenhagen, in Rolofshagen links ab nach Kussow.	
Geöffnet:	montags bis freitags	9.00 – 15.00 Uhr
	samstags, sonntags	12.00 – 17.00 Uhr
Infos:	Telefon 0 38 81/71 50 55	

Kartentipp:
1 : 30 000 — Boltenhagen, Klützer Winkel (Verlag grünes herz)

7 Malpapier aus Ostseealgen

Wie kommt die Grünalge ins Briefpapier?

Wie die Algen aus der Ostsee ins Papier kommen, ist eine Geschichte, die beinahe zu schön ist, um wahr zu sein. Dass sie aber tatsächlich stimmt, davon können sich große und kleine Besucher in der **Algenwerkstatt Damshagen** mit eigenen Augen überzeugen. Dort werden nämlich Seetang, Braun- und Rotalgen, die an den Stränden rund um das Ostseebad Boltenhagen angespült wurden, zu einem unverwechselbaren, regionalen Ostsee-Produkt verarbeitet: zu handgeschöpftem Algenpapier. Jedes Blatt ist ein Unikat.

Die Werkstatt in der ehemaligen „Alten Schmiede" ist ein Projekt des Vereins „Europäische Zukunftsregion Klützer Winkel" und wird von der europäischen Gemeinschaftsinitiative LEADER^{+} finanziell unterstützt. Damit soll die Entwicklung im ländlichen Raum gefördert werden. Zwei Arbeitsplätze wurden in der Algenwerkstatt bereits geschaffen – und für Gäste der Region eine Gelegenheit, ein ganz ungewöhnliches Souvenir mit nach Hause zu nehmen.

Papier schöpfen in der Algenwerkstatt

Während der Öffnungszeiten (s. Info-Teil) können Kinder – und Erwachsene natürlich auch – dort zu Papier-Designern werden und ihr Algenpapier gegen einen Unkostenbeitrag selber schöpfen.

Weil das nun wieder fast zu schade zum Bemalen oder Briefeschreiben ist, gibt's in der Algenwerkstatt natürlich auch fertige Bögen Papier in allen Größen zu kaufen – und ungewöhnliche Briefmappen mit echter Schreibfeder. Und wer noch besondere Einladungskarten für seine nächste Feier sucht, kann sie dort natürlich auch gleich in Auftrag geben. Das Damshagener Algenpapier eignet sich ebenso für Künstler (für sie gibt es sogar Sondergrößen) oder als Einband für Speisekarten, Bücher und für Urkunden.

Von Damshagen ist es nur ein Katzensprung bis nach Klütz. Um gemütlich Kaffee, Kuchen und Kakao zu genießen, lohnt ein Abstecher zur *„Klützer Mühle"*. Von ihrer Galerie aus hat man einen schönen Blick weit über die fruchtbare Landschaft des Klützer Winkels.

i

Algenwerkstatt Damshagen
Kommunikationszentrum Damshagen, Klützer Straße 33d,
23948 Damshagen

Wie kommt man hin?

PKW:	A 20, Ausfahrt Grevesmühlen. Damshagen liegt an der L 03 auf der Strecke Grevesmühlen-Klütz-Boltenhagen.	
Geöffnet:	montags bis donnerstags	9.00 – 12.00 Uhr
	und	13.00 – 17.00 Uhr
	freitags	9.00 – 13.00 Uhr
Infos:	Telefon 03 88 25/3 93 60, Fax /90 64, www.algenwerkstatt.de;	

Restaurant „Klützer Mühle"
An der Mühle, 23948 Klütz

Infos:	Telefon 03 88 25/2 21-02, Fax -05, www.kluetzer-muehle.de;

Tipp:
Im Sommer zuckelt die *Klützer Ostsee Eisenbahn*, liebevoll „Kaffeebrenner" genannt, zweimal täglich zwischen Klütz und Grevesmühlen hin und her (Telefon 03 88 25/32 01).

Kartentipp:

1 : 30 000	Boltenhagen, Klützer Winkel (Verlag grünes herz)

8 Wo Störtebekers Wiege stand

Durch die alte Hansestadt Wismar

Das klassizistische Rathaus, die barocken Festungsanlagen, der Brunnen im Stil der Renaissance, eine Fülle von Bauwerken der Backsteingotik und liebevoll restaurierte Bürgerhäuser auf Schritt und Tritt: Wer sich für Architekturgeschichte interessiert, kann in **Wismar** wahrhaft aus dem Vollen schöpfen. Nicht umsonst wird die alte Hansestadt schließlich seit Juni 2002 als „Weltkulturerbe" in der Liste der UNESCO geführt. Dass sich die wenigsten Kinder für die Vielfalt der unterschiedlichen Giebelformen begeistern lassen, macht dabei überhaupt nichts, denn sie werden ihr eigenes Wismar entdecken: das von „Nix und Nixe", das der vier kleinen Schweinchen und das von Klaus Störtebeker, dem berühmt-berüchtigten Piraten.

Bei Letzterem sind allerdings die Eltern ein wenig gefordert, denn Störtebekers Spuren sucht man in Wismar vergebens – obwohl er hier geboren sein soll. Aber das gilt nicht als sicher. Fest steht allerdings: 1380 hat er sich einmal in Wismar geprügelt! Zumindest das ist aktenkundig verbürgt. Falls die Kinder unterwegs durch Wismars schön gepflasterte Straßen also irgendwann schwächeln, können Sie ihnen – je nach Alter – getrost die Geschichte des Piraten Klaus Störtebeker erzählen.

Aus dem Leben eines Freibeuters

Vor gut 600 Jahren lehrte der Pirat Klaus Störtebeker die reichen Hansestädte an der Nord- und Ostsee das Fürchten. Geboren wurde er wahrscheinlich um das Jahr 1370 herum. Als Geburtsstätte werden mehrere Orte gehandelt: zum Beispiel Wismar oder Ruschwitz auf der Insel Rügen. 1395 schlugen er und seine wilden Kumpane ihr Hauptquartier auf der Insel Gotland auf, wurden aber schon ein Jahr später durch die Hanse dort vertrieben und so zog Störtebeker zum Schiffe kapern in die Nordsee um. Weil die Friesen auch mit der Hanse auf Kriegsfuß standen, nahm ihr Häuptling mit dem klangvollen Namen „Witzel Tom Brook" Störtebeker mit offenen Armen auf. Als Dank teilte der Pirat mit den Friesen seine Beute. Das brachte ihm auch den Beinamen „Robin Hood der Meere" ein. Anfang 1400 verlegte Störtebeker sein Piratennest und den Ankerplatz seines Schiffes „Roter Teufel" nach Helgoland. Da endete dann auch wenig später schon fast seine Geschichte: Die Hanse holte zum großen Schlag aus und nahm Störtebeker und seine Mannschaft im Frühjahr 1401 gefangen. Laut Legende soll das nur möglich gewesen sein, weil ein Spion das Steuerruder des „Roten Teufels" mit Blei ausgegossen hatte. Am 20. oder 21. Oktober 1401 wurde Klaus Störtebeker in Hamburg auf dem Grasbrook enthauptet. Auch darum rankt sich wieder eine Legende: Störtebeker soll ausgehandelt haben, dass all seine Männer, an denen er noch nach seiner Enthauptung vorbeilaufen könnte, freigelassen werden müssen. Elf schaffte er – dann stellte ihm der Henker ein Bein.

Wer mit dem Auto anreist, folgt zunächst der Ausschilderung zum Bahnhof, fährt die „Bahnhofstraße" entlang, an Bahnhof und Busbahnhof (rechter Hand) vorbei und stellt gleich dahinter seinen Wagen auf dem Parkplatz ab. Dann geht es zu Fuß zum Bahnhofsgebäude zurück, denn hier beginnt unser Rundgang durch die Altstadt.

Den Bahnhof im Rücken überqueren Sie die Straße, halten sich etwas schräg links und spazieren die **Mühlengrube** entlang. Die Grube ist einer der ältesten künstlichen Wasserläufe Deutschlands, der mitten durch eine Stadt hindurchfließt. Die Mühlengrube versorgte Wismars Bewohner lange Zeit mit Trink- und Brauchwasser, trieb Mühlenräder an und löschte Brände.

Wenn Ihre Kinder kleine, bronzene Schweinchen entdecken, die sich auf Brückenpfeilern räkeln, haben Sie die **Schweinebrücke** erreicht. Darüber wurden früher die Schweine zum Marktplatz getrieben. Vier von diesen kleinen Glücksbringern gibt es auf der Brücke: zwei rechts, zwei links – und jedes sieht anders aus und will ausgiebig gestreichelt werden.

Wenn das erledigt ist, sind es nur ein paar Schritte und Sie stehen vor der wunderschönen Renaissance-Fassade des **Schabbellhauses** an der Ecke „ABC-Straße". Wenn Sie sich umdrehen, sehen Sie die gewaltigen Backsteinmauern der gotischen **St.-Nikolai-Kirche** aus dem 14. Jahrhundert von ihrer schönsten Seite. Ihr Mittelschiff ist 37

Streicheln bringt Glück!

Meter hoch und damit das vierthöchste Kirchenschiff Deutschlands. Ihr Innenraum fasziniert mit wundervollen Licht- und Schattenspielen.

Auch ein Blick ins Schabbellhaus lohnt sich – nicht nur, weil es dort Portrait-Postkarten von den Brücken-Schweinen zu kaufen gibt. Früher war es Brau- und Wohnhaus des späteren Bürgermeisters Heinrich Schabbell, heute ist dort das **Stadtgeschichtliche Museum** untergebracht. Für die Kinder sicher besonders interessant ist das Erdgeschoss mit einer Zahnarztpraxis aus den 1930er Jahren und einem original Schuhdurchleuchter von 1930, ein Pedoskop. Das ist ein Gerät, mit dem die Kunden früher in Warenhäusern den Sitz der neuen Schuhe gleich an Ort und Stelle per Röntgenstrahlen überprüfen konnten – bis auf die Knochen. Seit 1954 ist das wegen Strahlenschutzbestimmungen natürlich verboten.

Mit dem Rücken zum Eingang des Schabbellhauses gehen Sie die „ABC-Straße“ rechts hinunter. Immer geradeaus, sie heißt dann ab der nächsten Kreuzung „Altböterstraße“, bis rechts die Fußgängerzone „Hinter dem Rathaus“ abzweigt. Wenn Sie gleich wieder links abbiegen, erreichen Sie den **Marktplatz**, mit einer Fläche von 10 000 Quadratmetern einer der größten in Norddeutschland – und einer der schönsten. Lassen Sie Ihre Kinder „Nix und Nixe“ suchen, die beiden Bronzefiguren vor der **Wasserkunst**, die früher die Wismarer mit sauberem Trinkwasser versorgte. Sie können derweil in Ruhe die Fassaden der Häuser rund um den Platz bestaunen. Am anderen Ende des Marktplatzes finden Sie die Tourist-Information im ehemaligen **Stadthaus**. Dort beginnen die Stadtführungen und dort bekommen Sie auch einen kostenlosen Plan, um Wismar auf eigene Faust weiter zu erkunden – nachdem Ihre Kinder noch ein wenig auf den beiden Kanonen vor dem Haus herumgeturnt sind.

Hinter dem Stadthaus geht der Weg weiter rechts herum in die Straße „Hegede“ und dann eigentlich immer nur geradeaus die Fußgängerzone entlang. Die endet genau vor dem gelben Prachtbau der *Löwenapotheke* mit ihrem goldenen Löwen über dem Eingang. Wenn Sie links von der Apotheke weiter geradeaus gehen, passieren Sie noch einmal die „Grube“ und dann können Sie den **Alten Hafen** schon beinahe riechen. Wenn Sie nun links in die „Hohe Straße“ abbiegen, erreichen Sie nach wenigen Schritten den **Lohberg**. Von diesem malerischen Platz mit vielen Restaurants und Straßencafés in alten farbenprächtigen Speicherhäusern können Sie den Hafen dann auch sehen. Gehen Sie rechts den Lohberg bis zum Ende und dann links durch das Wassertor hindurch, das letzte der ursprünglich fünf Wismarer Stadttore. Am Alten Hafen ist jeden Samstag Fischmarkt und von dort fahren die Ausflugsschiffe der Weißen Flotte – unter anderem zur Insel Poel (s. Kapitel 9). Wenn Sie den Alten Hafen hinter sich lassen, müssen Sie nur noch links die „Hauptstraße“ entlanggehen und erreichen dann wieder den Parkplatz am Busbahnhof oder, ein Stückchen weiter, den Bahnhof.

i

Wie kommt man nach Wismar?

ÖPNV:	Bhf Wismar, ab dort mit dem Bus bis zum Busbahnhof.
PKW:	A 20, Ausfahrt Wismar-Mitte.

Tourist-Information Wismar
Am Markt 11, 23966 Wismar

Infos:	Telefon 0 38 41/1 94 33, touristinfo@wismar.de, www.wismar.de;

Stadtgeschichtliches Museum Schabbellhaus
Schweinsbrücke 8, 23966 Wismar

Geöffnet:	Mai bis Oktober	
	dienstags bis sonntags	10.00 – 20.00 Uhr
	November bis April	
	dienstags bis sonntags	10.00 – 17.00 Uhr
Infos:	Telefon 0 38 41/28 23 50, Fax /21 00 70, museum@schabbellhaus.de, www.schabbellhaus.de;	

Tipps:
In Wismar gibt es einen *Tierpark* mit großen Spiellandschaften und das *Erlebnisbad Wonnemar* – allerdings mit gepfefferten Eintrittspreisen.

Kartentipp:
1 : 30 000 Wismar, Insel Poel (Verlag grünes herz)

9 Immer die Nase im Wind

Mit dem Fahrrad über die Insel Poel

Viele Wege führen auf die 37 Quadratkilometer kleine Insel Poel (ausgesprochen heißt es „Pöl“). Der schönste ist aber – wie es sich für eine Insel gehört – natürlich der übers Wasser. Fährverbindungen gibt es zum Beispiel vom Wismarer Hafen aus zu den Inselorten Kirchdorf und Timmendorfer Strand oder von Rerik nach Gollwitz. Aber – und das ist eher insel-untypisch – Poel ist auch mit dem Auto und Linienbussen einfach zu erreichen. Seit 1927 verbindet der Brückendamm in seiner heutigen Form das Festland mit der Ostseeinsel. Wer ihn entlangfährt, taucht ein in eine andere Urlaubswelt, denn Poel ist immer noch beschaulich, wunderschön und weitgehend verschont vom Massentourismus. Also fast noch ein Geheimtipp für entspannte Urlaubstage. Und weil das Festland über den Damm so unkompliziert zu erreichen ist, auch ein guter Standort für Ausflugstouren rund um Wismar, bis hin nach Rostock.

Poel ist nur sanft gewellt und meist platt wie die berühmte Flunder – damit also wie geschaffen für Fahrradtouren. Deshalb leihen wir uns, in **Kirchdorf** angekommen, sofort Räder aus, um per Muskelkraft die Schönheiten der Insel zu erkunden. Für etwa 13 Euro Tagespreis für ein großes und zwei kleine Räder inklusive Helm ein gut erschwingliches Vergnügen.

Tipps vorneweg: Reservieren Sie sich in der Saison rechtzeitig Räder in der gewünschten Größe und nehmen Sie einen Picknickkorb mit. Mit frischen Fischspezialitäten können Sie sich schon auf der Hinfahrt in Niendorf auf dem „Poeler Forellenhof“ eindecken. Auch wenn die Insel kaum Höhenunterschiede aufzuweisen hat: Die Kinder sollten bereits fest auf dem Sattel sitzen, denn die Radwege sind teilweise holperig. Damit sind sie nicht immer einfach zu fahren und nichts für ganz kleine Radanfänger. Bevor Sie starten, sehen Sie sich die Fahrradkarte (gibt's beim Verleih) ganz genau an und prüfen Sie die Windrichtung! Legen Sie die Tour so, dass Sie auf der Rückfahrt mit Rückenwind strampeln – das macht es am Ende leichter. Vergessen Sie die Sonnenschutzcreme nicht, denn auf Poel weht immer eine leichte Brise, bei der Sie den Sonnenbrand sonst erst am Abend spüren.

Unser Tourenvorschlag führt vom Fahrradverleih in Kirchdorf in etwa 17 Kilometern über die Insel. Es sind aber auch kürzere Touren möglich – und etwas längere. Wenn Sie zum Beispiel Gollwitz noch mit einplanen, kommen Sie auf etwa 22 Kilometer.

Vom Verleihgelände geht es rechts herum und dann ein gutes Stück die Hauptstraße entlang. Kurz bevor Kirchdorf zu Ende ist, führt der Weg links herum und dann gleich wieder rechts, dem Holzwegweiser

„Am Schwarzen Busch 1,2 km" folgend, mitten durch Felder hindurch, direkt auf das Meer zu. Nach kurzer Zeit tauchen die ersten Häuser auf und siehe da: Der Ort „Schwarzer Busch" ist ganz und gar nicht düster! Im Gegenteil: Schneeweiße Häuser recken sich vor einem tintenfarbenen Meer in den strahlendblauen Himmel. Obwohl gerade erst losgestrampelt, ein schöner Platz für eine erste Pause. Schließlich wollen die Kinder sofort an den Strand. Und das lohnt sich, denn der ist „Am Schwarzen Busch" sehr fein, sehr weiß und – egal, ob man nun rechts oder links herum guckt – kilometerlang.

Wenn die erste Wegzehrung im Bauch verschwunden ist, die erste Ladung Sand in den Schuhen steckt und die ersten selbstgesuchten Muscheln im Rucksack sicher verstaut sind, geht es die kleine, aber feine Uferpromenade weiter in Richtung Timmendorf und dann geradeaus den *Naturlehrpfad „Reetmoor"* parallel zum Wasser entlang. Teilweise heißt es da „absteigen und schieben", weil der Sand auf dem Weg sehr tief sein kann. Das macht aber gar nichts, denn dieses Stück der Strecke sollten Radler sowieso besonders genießen. Immer wieder blitzt rechts das Meer mit atemberaubenden Strandabschnitten hervor. Einfach anhalten und die Seele auftanken. So viel Zeit muss sein. Am Ende des Naturlehrpfades warten zwei wunderschöne, überdachte Picknickplätze mit Blick auf Wasser und Strand – so lange sollte der Proviant also auf jeden Fall reichen.

Der Leuchtturm von Timmendorf

Von da ab geht es schon bald auf gut ausgebautem, festem Radweg in rasantem Tempo weiter nach **Timmendorf**, dem touristischen Zentrum der Insel.

Die Räder schließen Sie am besten in der Nähe des Leuchtturms an und erkunden zu Fuß den Hauptbadeort mit seinem beschaulich-kleinen Hafen. Im Souvenirladen „Seekiste" können Sie sich mit den für die Region so typischen – und gesunden – Sanddornprodukten eindecken, im Hafen Tretboot fahren oder – wenn Sie noch viel Zeit haben – auf einem Segelschiff „anheuern“ und unter geblähten Segeln die Ostsee unsicher machen. Gesponnenes Seemannsgarn vom Kapitän gibt's meist gratis dazu. Für den **Timmendorfer Strand** sollten Sie also auch genügend Zeit einplanen. Und wenn Sie dann noch zufällig ein paar Grillwürstchen im Gepäck haben: perfekt! In direkter Nähe zum Hafen gibt es einen öffentlichen Grillplatz mit gemauertem Grillkamin, Tischen und Bänken. Falls nicht: Auch nicht schlimm, denn Restaurants und Cafés gibt es in Timmendorf natürlich auch.

Frisch gestärkt und ausgeruht geht es dann weiter links (den Leuchtturm im Rücken) die Küste entlang in Richtung *„Fauler See“*. Zugegeben: Das klingt nicht sehr einladend, ist aber ein Paradies für Wasservögel – und die wird der Name des Naturschutzgebietes mit Sicherheit nicht stören. Der erste Teil dieser Strecke führt gleich hinter Timmendorf-Strand grandios die Steilklippe entlang. Der Weg ist hier schmal und mit Baumwurzeln durchzogen. Da kann man gleich ein wenig Slalomfahren üben. Wem dabei angst und bange wird, der lässt die Kinder vielleicht doch besser schieben – und genießt ohne nennenswerte Adrenalinhöchstwerte die Aussicht.

Anschließend verschwindet das Meer erst mal hinter Baumreihen bis zum Parkplatz am FKK-Strand von Hinterwangern. Dort ist noch mal eine letzte Gelegenheit für Strandausblicke bis hinüber nach Wismar und Reedewisch und auf das Naturschutzgebiet „Fauler See“. Von dort geht es schnurstracks und hoffentlich mit Rückenwind über Hinterwangern, Wangern, Vorwangern und kurz vor Seedorf scharf rechts nach Kirchdorf zurück. Hier ist der Kirchturm schon zum Greifen nahe. Die Hauptstraße entlang geht es weiter. Kurz bevor sie sich teilt, liegt linker Hand das *Heimatmuseum*. Beides – Kirche und Museum – lohnt eine Besichtigung. An der Stelle, an der sich die Hauptstraße teilt, biegen Sie links ab und sind nach wenigen Metern wieder am Fahrradverleih.

Wenn Sie Poel mit dem eigenen Auto besuchen, lohnt sich ein Abstecher zur **Holländer-Windmühle** in **Stove**. Dafür müssen Sie nach dem Verlassen der Insel nur links abbiegen (statt rechts herum zurück nach Wismar) und gut fünf Kilometer in Richtung *Salzhaff* fahren. Die Straße führt dann direkt an der Mühle und dem kleinen Mühlenmuseum vorbei. Ab April wird dort Brot gebacken und verkauft. Bei schönem Wetter kann man mittwochs beim „Schaumahlen“ die Mühlenflügel in Aktion sehen.

Wie kommt man zur Insel Poel?

ÖPNV:	Mit der Bahn bis Wismar, ab dort mit dem Bus. Vom Wismarer Hafen gibt's auch Schiffsverbindungen.
PKW:	A 20, Ausfahrt „Insel Poel".

Kurverwaltung und Fahrradverleih Ostseebad Insel Poel
Wismarsche Straße 2, 23999 Kirchdorf

Infos:	Telefon 03 84 25/2 03 47, www.insel-poel.de;

Heimatmuseum Insel Poel
Möwenweg 4, 23999 Kirchdorf

Geöffnet:	15. Mai bis 15. September	
	dienstags bis sonntags	10.00 – 16.00 Uhr
	16. September bis 14. Mai	
	dienstags, mittwochs und samstags	10.00 – 12.00 Uhr
Infos:	Telefon 03 84 25/2 07 32	

Campingplatz „Leuchtturm"
23999 Timmendorf-Strand

Infos:	Telefon 03 84 25/2 02 24, Fax /2 15 40;

Poeler Forellenhof
Fam. Hanekamp, Wismarsche Straße 13, 23999 Insel Poel

Infos:	Telefon 03 84 25/4 20-0, Fax -11, www.poeler-forellenhof.de;

Holländer Windmühle & Dorfmuseum Stove
Dorfstraße 24, 23974 Stove

Infos:	Telefon 03 84 27/2 47

Tipp:
Die *Fahrrad-Fähre „Salzhaff"*, fährt an der Vogelschutzinsel Langenwerder vorbei und steuert verschiedene Orte am Festland an. Endstation ist *Rerik* (Infos über die Kurverwaltung, s. oben).

Kartentipp:

1 : 30 000	Wismar, Insel Poel (Verlag grünes herz)

10 Auf der Suche nach dem Petermännchen

Ausflug in die Landeshauptstadt Schwerin

Ein Märchenschloss mit goldenen Türmchen, in dem ein nettes Schlossgespenst zu Hause ist, das auch gerne einmal kreuz und quer durch die wunderschöne Altstadt spukt: Wer Mecklenburg-Vorpommerns Landeshauptstadt **Schwerin** sehen will, muss seine Kinder garantiert nicht lange überreden. Wo kann man sich schließlich schon auf die Suche nach einem „echten" Geist machen? Damit's später aber keine langen Gesichter gibt: Erklären Sie Ihren Kindern am besten vorher, dass sie das Petermännchen in natura wahrscheinlich nicht zu sehen kriegen. Schließlich braucht ein nachtaktives Schlossgespenst am Tage seinen Schönheitsschlaf. Wer aber mit offenen Augen durch die Stadt spaziert, kann quasi an jeder Ecke über seine Spuren stolpern. So wird der Stadtrundgang beinahe zur Gespensterjagd.

Ein schöner Ort, um damit zu beginnen, ist der **Pfaffenteich** im Norden der Altstadt. In unmittelbarer Nähe befindet sich auch der Bahnhof von Schwerin und so ist dieser Ausgangspunkt ideal – egal, ob Sie mit dem Auto oder mit der Bahn anreisen. Die Ufer des Sees säumen rundherum schöne Häuser, in der Mitte sprudelt ein Springbrunnen, eine große Freitreppe führt hinunter zum Wasser und bei Sommersonnenwetter locken zahlreiche Freiluft-Cafés. Ein Bau sticht sofort ins Auge: das 136 Meter lange **Arsenal** im Stil der Tudor-Gotik. Fast 15 Jahre lang wurde es für rund 50 Millionen Euro restauriert und erstrahlt heute wieder in altem Glanze. Von innen besichtigen kann man es allerdings nicht, denn nun ist es Sitz des Innenministeriums. Direkt gegenüber können Sie wochentags einsteigen zu einer Fahrt kreuz und quer über den Pfaffenteich mit der „**Petermännchenfähre**". Vier Anlegestellen gibt es – zwei rechts, zwei links. Ein preisgünstiges Vergnügen mit wundervollen Ausblicken auf die Stadt.

Zu toppen ist dieser Blick nur noch aus der Luft: Dafür drehen Sie dem Pfaffenteich den Rücken zu bis Sie den Turm des **Schweriner Doms** sehen. Den können große und kleine Gipfelstürmer nun für ein geringes Entgelt besteigen. 220 Stufen führen zur Aussichtsetage. Das geht ganz schön auf die Puste. Dafür gibt's aber eine herrliche Rundumsicht auf Schwerin bis hin zum Märchenschloss auf der Insel im Schweriner See, südlich der Altstadt.

Zu Füßen des Domes liegt der **Marktplatz** mit der Tourist-Information im Rathaus. Spätestens hier kommt man am Schlossgespenst nicht mehr vorbei: Auf dem Platz beginnen Petermännchen-Stadtrundfahrten, Petermännchen-Rundgänge im Kostüm und in der Tourist-Information gibt es das Gespenst im Kuschelformat und jede Menge Informationen darüber. Zum Beispiel, dass es sogar einen eigenen „Fanclub" hat: 2004 wurde die

„Petermännchen – Kulturfördergesellschaft des alten Brauchtums“ gegründet, die das Petermännchen noch viel bekannter machen möchte.

Vom Marktplatz führt die Fußgängerzone mit der „Puschkinstraße“ direkt auf die „Schloßstraße“ zu. Da müssen Sie dann nur noch links einbiegen – und schon geht es auf direktem Wege zu Schwerins **Märchenschloss.**

Unverhüllt zeigt sich der Prachtbau mit seinen Erkern und vergoldeten Türmchen leider noch nicht. Bis ins nächste Jahrzehnt werden die Sanierungsarbeiten sicher noch dauern (geschätzte Gesamtkosten: 158 Millionen Euro). Aber dennoch: Welch' ein Schloss! Bevor Sie beeindruckt über die Brücke mit den Skulpturen der beiden „Rossebändiger“ schreiten, sollten Sie aber doch noch mal nach links und rechts gucken – auch wenn's schwer fällt. Dort liegt der **Alte Garten**, einer der schönsten Plätze Norddeutschlands. Viel Grün, wie der Name vermuten lässt, gibt's da heute aber nicht mehr zu bewundern. Dafür ein Ensemble außergewöhnlicher Prachtbauten: das neobarocke **Mecklenburgische Staatstheater**, das prächtige **Staatliche Museum**, die hohe **Siegessäule** und das **Alte Palais**.

Aber dann endlich: Nichts wie hinein ins Schloss! Unvorstellbare 635 Räume hat es – rund 30 davon dürfen im **Schlossmuseum** besichtigt werden. Die anderen – und damit der allergrößte Teil – wird durch Fraktionen und Verwaltung des Landtags Mecklenburg-

Blick aufs Schweriner Schloss

Vorpommern genutzt. Sollen sie doch: Uns genügen die Wohnräume der einstigen Herrscherfamilie und die prunkvollen Repräsentationsräume. Bis 1918 war das wunderschöne Schloss, das 1845 nach dem Vorbild des Loire-Schlosses Chambord umgebaut wurde, der Sitz der Herzöge und Großherzöge von Mecklenburg-Schwerin. In welcher Pracht und Herrlichkeit sie lebten, zeigt das Schlossmuseum. Vor dem Eingang zu den Prunk(t)räumen der **Beletage**, die den Damen vorbehalten war, wartet übrigens das Petermännchen. Hier hängt ein Bild des berühmten Schlossgespenstes. Und siehe da: Es ist ein Zwerg, der auf Stelzen geht und gekleidet ist nach der Mode des 17. Jahrhunderts: großer Hut, Rauschebart, wallendes Haar und Stulpenstiefel bis übers Knie.

Falls wir ihn bei unserem Gang durch die Räume also sehen sollten, werden wir ihn auf jeden Fall erkennen. Solange gucken wir uns aber in den Räumen nach anderen Besonderheiten um. Zum Beispiel gleich rechts im ersten Zimmer, dem *Speisezimmer*. Über der Tür sind in einem Relief Fasan und Trauben zu sehen und die Decke schmücken Ananas. Auch das *Teezimmer* hält nicht nur Prunk, sondern auch spannende Geschichten bereit. Dort starb Großherzogin Auguste und an exakt der Stelle ließ ihr Gemahl im Parkett kleine Kreuze legen. An der Wand gegenüber zeigt ein Gemälde Erbprinzessin Helene von Mecklenburg-Schwerin mit auffallend roten Wangen. Kein Zeichen für strotzende Gesundheit, ganz im Gegenteil: Sie starb wenig später an Tuberkulose. Lustiger wird es im *Winterzimmer*: Sehen Sie sich oben am abgesperrten Ausgang des Raumes einmal die Reihe der geschnitzten kleinen Engel ganz genau an. Der 13. von links streckt Ihnen die Zunge heraus! Das war ein Spaß der Handwerker, die sich vorstellten, wie darunter die feinen Damen ahnungslos ihren Tee trinken. Faszinierend nicht nur für die kleine Künstlerin in unserer Familie ist das Bild „Venus lehrt Amor den Bogen spannen" aus dem Jahre 1810. Amors Pfeilspitze können Sie nämlich nicht entkommen. Sie folgt Ihnen, wohin auch immer sie im Winterzimmer gehen.

Wenn Sie den Raum verlassen, müssen Sie natürlich nicht mehr fürchten, dass Amors Pfeil Sie trifft. Sie können sich dann also ganz gemütlich auf den Weg in die obere Festetage machen. Lassen Sie Ihre Kinder die Tiere suchen, die die Treppen hinauf zieren. Kernstück dort oben ist der prächtige *Thronsaal* mit dem rotgoldenen Thron wie aus dem Bilderbuch. Atemberaubend der Blick aus dem Fenster in den herrlichen Schlossgarten und weit hinaus über den Schweriner See. Weil dort übrigens irgendwo der Eingang zu Petermännchens eigenem, versunkenen Schloss liegen soll: „Heuern" Sie nach der Schlossbesichtigung am besten gleich neben dem Schloss bei der Weißen Flotte an. Der Blick vom Wasser aus auf Garten und Schloss ist zweifellos der schönste.

Wie kommt man nach Schwerin?

PKW:	A 20, Ausfahrt Wismar-Mitte, dann B 106. A 24, Ausfahrt Hagenow, bzw. A 241, Ausfahrt Schwerin-Süd, dann B 321.

Tourist-Information Schwerin
Am Markt 10, 19055 Schwerin

Infos:	Telefon 03 85/5 92 52 12, www.schwerin.com;

Petermännchen-Fähre am Pfaffenteich

Fährzeiten:	April bis Oktober	
	montags bis freitags	8.40 – 13.00 Uhr
	und	13.30 – 16.50 Uhr

Schlossmuseum
Lennéstraße 1, 19053 Schwerin

Geöffnet:	15. April bis 14. Oktober	10.00 – 18.00 Uhr
	15. Oktober bis 14. April	
	dienstags bis sonntags	10.00 – 17.00 Uhr
Infos:	Telefon 03 85/5 25 29 20, Fax /56 30 91, info@schloss-schwerin.de, www.schloss-schwerin.de;	

Tipps:
Schwerin ist wahrhaft eine Märchenstadt für Kinder: Im Schlossmuseum gibt es extra kindgerechte Führungen und ein Ausmalbild vom Petermännchen. Wer sich vorher bei der Tourist-Information anmeldet, darf mit dem Petermännchen auf Stadtführung gehen. Außerdem hat Schwerin einen schönen *Zoo* und ganz in der Nähe liegt das *Freilichtmuseum Schwerin-Mueß*.

Kartentipp:

1 : 35 000	Schweriner See (Verlag grünes herz)

11 Rerik

Strand im Doppelpack

Das beschauliche Ostseebad Rerik liegt zwischen Salzhaff und Ostseeküste und hat damit zwei Schokoladenseiten zu bieten: das stillere Haff und den lebhaften, sieben Kilometer langen Ostseestrand. Getrennt werden beide nur durch eine schmale Landzunge. Das Haff ist ein schöner Platz, um gemütlich mit Tret- oder Ruderbooten übers Wasser zu schippern oder um beherzt einen Ausflugsdampfer zu entern. Auf der herausgeputzten Uferpromenade laden Holzskulpturen des Reriker Künstlers Bruno Blank die Kinder zum Klettern ein. Richtig austoben können kleine Gäste sich dann auf dem Abenteuerspielplatz „Reriks Kinderland". Er liegt gleich am Ortseingang mit Blick auf das Salzhaff. Dort, wo Salzhaff und Ostseeküste sich beinahe berühren, ist der Eingang zur rund 1 000 Hektar großen Halbinsel Wustrow. Seit 2004 darf Wustrow auch mit Führungen erst mal nicht mehr betreten werden (Änderungen erfahren Sie über die Kurverwaltung). Pech für die Menschen – Glück für die Tiere: Für Dachse, Füchse, Seeadler und Fledermäuse ist Wustrow längst ein Paradies. Die einzige Möglichkeit, einen Blick darauf zu werfen, bietet bis auf Weiteres nur eine Schiffstour vom Reriker Hafen aus. Dort startet auch die Fahrradfähre „Salzhaff" zur Insel Poel (s. Kapitel 9, Tipp).

i

Wie kommt man nach Rerik?

ÖPNV:	Bhf Neubukow, von dort – und von Rostock, Kühlungsborn, Kröpelin und Bad Doberan – mit dem Bus.
PKW:	Von Wismar über die B 105 Richtung Rostock, in Neubukow oder Kröpelin links ab nach Rerik.

Kurverwaltung Ostseebad Rerik
Dünenstraße 7, 18230 Ostseebad Rerik

Infos: Telefon 03 82 96/7 82 94, www.rerik.de;

Kartentipp:
1 : 30 000 Rerik, Kühlungsborn (Verlag grünes herz)

Jede Menge Sommertrubel

Kühlungsborn ist das größte Seebad an der Mecklenburgischen Küste. Familien, die den Trubel mögen, können hier also aus dem Vollen schöpfen: Wickelräume in Strandnähe, Kinderbetreuung, diverse Freizeit- und Unterhaltungsprogramme für kleine Ostsee-Urlauber, eine Meerwasser-Schwimmhalle für Schlechtwettertage – und das alles vor der Kulisse schön restaurierter, 100 Jahre alter Villen. Etwa fünf Kilometer landeinwärts liegt die kleine, bewaldete Hügelkette „Kühlung", die dem Seebad ihren Namen gab. Sie ist ein Landschaftsschutzgebiet mit Bergen, Schluchten, Tälern, Bächen und kleinen Tümpeln. Weil das Schatten und Ruhe an heißen Sommertagen verspricht, ist die Kühlung für einen Fahrradausflug ideal. Die Räder dafür können Sie sich in Kühlungsborn ausleihen (Infos über die Kurverwaltung). Aus dem Wald ragt der 129 Meter hohe Diedrichshagener Berg heraus, der einen schönen Blick bis hinaus über das Meer bietet.

Sommerspaß am Strand von Kühlungsborn

Wie kommt man nach Kühlungsborn?

ÖPNV:	Von Bad Doberan mit dem Bus oder der Dampflok „Molli".
PKW:	A 20, Ausfahrt Kröpelin oder Bad Doberan.

Touristik-Service-Kühlungsborn GmbH
Ostseeallee 19, 18225 Ostseebad Kühlungsborn

Infos:	Telefon 03 82 93/8 49-0, Fax -30, info@kuehlungsborn.de, www.kuehlungsborn.de;

Kartentipp:

1 : 30 000	Rerik, Kühlungsborn (Verlag grünes herz)

13 Warnemünde

Rostocks gut gefüllte Badewanne

Wo die Warnow in die Ostsee mündet, liegt Rostocks quirliger Badeort Warnemünde. Der Strand zwischen Westmole und Wilhelmshöhe ist sieben Kilometer lang und stellenweise bis zu 100 Meter breit. An warmen Sommertagen tobt hier das Strandleben. Eine gute Rundumsicht verschafft man sich am besten auf dem 86 Meter hohen Leuchtturm, der den Anfang der Strandpromenade markiert. Ein schöner Ausflug ist eine Radtour an der Küste entlang in Richtung Westen (Fahrräder können Sie sich im Ort ausleihen). Nur gut fünf Kilometer sind es vom Ende der Strandpromenade bis zum kleinen Ostseebad Nienhagen – immer an der Steilküste entlang. Gleich hinter Nienhagen, direkt an der Steilküste im Nienhäger Holz, landen Sie dann mitten im „Gespensterwald". Das ist ein schmaler Waldstreifen, dessen Bäume durch den Wind und die salzige Seeluft wundersam verformt wurden. Er bietet atemberaubend schöne Aussichten auf das Meer und die steile Küste.

Wie kommt man nach Warnemünde?

ÖPNV: Ab Hbf Rostock mit der S-Bahn.

PKW: Über Rostock oder Bad Doberan.

Tourismuszentrale Rostock & Warnemünde
Am Strom 59, 18119 Rostock-Warnemünde

Infos: Telefon 03 81/5 48 00-0, Fax -30,
touristinfo@rostock.de,
www.warnemuende.de;

Tipp:
Jedes Jahr im August lockt die *Hanse Sail* nach Rostock-Warnemünde. Das maritime Fest mit Großseglern, Traditions- und Museumsschiffen wird im Rostocker Stadthafen und in Warnemünde stilecht gefeiert (www.hansesail.com).

Kartentipp:
1 : 30 000 Bad Doberan, Warnemünde
(Verlag grünes herz)

Eine Wanderung am Neukloster See entlang

Neukloster ist eine Kleinstadt mit rund 4 500 Einwohnern, knapp 20 Kilometer südöstlich von Wismar und quasi das Tor zur Westmecklenburgischen Seenplatte. An die Neukloster Seenlandschaft schließt sich beinahe nahtlos die Wariner Seenlandschaft an. Verbunden sind beide durch den Tepnitzbach. Neukloster lockt mit intakter Natur rund um den 2,6 Quadratkilometer großen *Neukloster See* und einigen historischen Bauwerken wie dem *Zisterzienser-Kloster* aus dem 13. Jahrhundert, der *Klosterkirche* mit den ältesten Glasmalereien Norddeutschlands und dem gotischen *Propstei-Gebäude* mit prächtigen Stufengiebeln. Die Attraktion ist allerdings der *Hochseilgarten* am Schullandheim. Dort können nicht nur Jugendgruppen in luftigen zehn Metern Höhe gesichert am Seil ihren Adrenalinspiegel nach oben treiben, sondern – nach Anmeldung – auch mutige Familienmitglieder. Kinder dürfen ab circa fünf Jahren mitklettern.

Der Neukloster See hat die Form eines Backenzahnes, zwischen den „Wurzeln" ragt eine Halbinsel tief hinein ins Wasser und genau die ist das Ziel unserer Wanderung.

Wer möglichst viel in kurzer Zeit von der Landschaft und den touristischen Anziehungspunkten der kleinen Stadt am See mitbekommen möchte, sollte das Ausflugspaket „Naturpark-Ticket Neukloster" buchen. Es wird von der „Regionalentwicklungsagentur der Naturparkregion Neukloster bis Sternberg" organisiert und ist bisher einmalig in Europa, denn es hat sich konsequent einen barrierefreien Tourismus zum Ziel gesetzt. Das heißt: Diese Kombi-Tour aus Erlebnis-Museum, Bootstour über den See, Schnupperklettern im Hochseilgarten und Kremserfahrt durch den Neumühler Forst mit Ranger-Begleitung ist auch geeignet für Familien mit kleinen Kindern, die noch in der Karre sitzen, Behinderte und ältere Semester, die nicht so gut zu Fuß sind.

Ausgangspunkt für die etwa 3,5 Kilometer lange Wanderung um die Halbinsel herum ist der Platz zwischen Klosterkirche und Schullandheim „Jugendscheune". Wer mit dem Auto kommt, kann dort auch seinen Wagen abstellen. Der Weg zur Halbinsel führt rechts an der „Jugendscheune" vorbei. Nach ein paar Schritten taucht der *Hochseilgarten* auf. Lassen Sie den Hochseilgarten links liegen. Geradeaus weiter taucht rechter Hand das Seeufer auf. Über eine Kopfweidenallee und eine kleine Brücke gelangen Sie dann zu einem Hochsitz (erklettern erlaubt!) und damit zum Anfang des *Waldlehrpfades* auf der Halbinsel. Links lockt der Mischwald, rechts glitzert der See und wenn Sie Glück haben, sind Sie von nun an ganz alleine mit der Natur. Wir treffen jedenfalls bei unserer Wanderung im frühen Frühling keine Menschenseele – und fühlen uns dennoch nicht einsam: Von überall her hört man das Hämmern des Buntspechtes, das Zwitschern der Vögel und die Rufe der Blesshühner, die im Schilfgürtel brüten.

Zu sehen gibt es auch genug: Schattenspiele im lichten Laubwald, das Glitzern des Wassers, eine Schar von Wasservögeln, und wenn Sie an Ihrem Wandertag ganz besonders viel Glück haben, sehen Sie sogar See- oder Fischadler hoch über dem Wasser ihre Kreise ziehen, denn beide brüten im Gebiet rund um den „Backenzahn". Dabei galt der Seeadler in Deutschland vor rund 100 Jahren als nahezu ausgestorben. Mittlerweile gibt es im Bundesgebiet wieder etwa 500 Brutpaare. Fast die Hälfte davon zieht seine Jungen im Nordosten groß. Dabei gehören die Mecklenburgischen Seen und die Küsten- und Boddenlandschaft zu seinen beliebtesten Kinderstuben.

Dort, wo an der gegenüberliegenden Seeseite die ersten Ferienhäuser vom Ortsteil Nakenstorf in der Ferne auftauchen, zieht sich der Wald ein gutes Stück vom Ufer zurück. Links am Waldrand finden Sie dann einen überdachten Picknickplatz. Dahinter biegt der *Lehrpfad* tief in den Wald hinein. Wir lassen ihn aber erst mal links liegen, schlendern weiter am See entlang und erreichen kurze Zeit später die Spitze der Halbinsel mit ihrer grandiosen Aussicht auf den See, die Feriensiedlung Nakenstorf (rechts) und die Natur rundherum. Um das ausgiebig zu genießen, stehen viele Bänke bereit.

Kurze Verschnaufpause auf dem Waldlehrpfad

Der Rückweg führt dann an der anderen Uferseite der Halbinsel wieder zurück Richtung Neukloster. Auf halber Strecke können Sie noch mal links in den *Waldlehrpfad* einbiegen und das versäumte Stück bis zum Picknickplatz „nacharbeiten“. Das lohnt sich, denn der Pfad ist sehr anschaulich und interessant gestaltet. Durch Schiebetafeln erfahren kleine Waldschrate viel über die unterschiedlichen Bäume des Mischwaldes und seine Bewohner. Immer wieder spannend ist auch „Jahresringe zählen“. Wie hier bei einer 200-jährigen Eiche: „Wie dick war ihr Stamm in Omas Geburtsjahr? Wie dick in deinem?“ Gehen Sie dann wieder zurück zum Ostufer und den Rundgang des *Waldlehrpfades* weiter. Falls die Kinder jetzt so langsam keine Lust mehr haben: Erzählen Sie Ihnen vom Eiscafé am Neumarkt im Ortszentrum von Neukloster. Das wird ihre Schritte für den Rest des Weges hoffentlich beflügeln. Im Sommer ist auch die Aussicht auf einen anschließenden Besuch im *Freibad* direkt am Neukloster See (es liegt an der östlichen „Zahnwurzelspitze“) ein schöner Abschluss der Wanderung. Wenn der *Lehrpfad* links vom Wasser weg abbiegt, haben Sie es jedenfalls schon so gut wie geschafft: Nach ein paar Metern taucht vor Ihnen der Hochsitz wieder auf. Zum Ausgangspunkt geht's ab da rechts.

Wie kommt man nach Neukloster?

ÖPNV:	Mit dem Bus vom Wismarer Busbahnhof.
PKW:	A 20 Richtung Rostock, Ausfahrt Neukloster.

Kultur- und Touristinformation Neukloster
Rathaus Neukloster, Hauptstraße 27, 23992 Neukloster

Infos:	Telefon 03 84 22/4 40 30, Fax /4 40 26, info@neukloster.de, www.neukloster.de;

Hochseilgarten
Klosterhof 2, 23992 Neukloster

Infos:	Telefon/Fax 03 84 22/2 54 82, www.jugendscheune-neukloster.de;

Naturpark-Ticket

Infos:	Regionalentwicklungsagentur: Telefon 03 84 22/3 00

Kartentipp:

1 : 75 000	Mecklenburgische Ostseeküste, Wismar – Rostock (Verlag grünes herz)

15 Wo schon der Herzog baden ging

Mit Volldampf zu Deutschlands ältestem Ostseebad

Bad Doberan lockt mit zweierlei Attraktionen: mit seinem mittelalterlichen Münster und mit seiner kleinen, über 100 Jahre alten, dampfenden Schmalspureisenbahn, liebevoll „Molli" genannt. Keine Frage, welches der beiden Sehenswürdigkeiten das Herz Ihrer Kinder schneller erobern wird. Deshalb beginnt unsere Tour auch gleich am Bahnhof von Bad Doberan. Von dort dampft Molli im Stundentakt ab in Richtung Ostseeküste. Die rund 40-minütige Fahrt bis zur 15,4 Kilometer entfernten Endstation in **Kühlungsborn** wird dabei zu einer gemächlichen Zeitreise. Zu Beginn der Fahrt ruckelt Molli laut schnaufend, bimmelnd und hupend durch die engen Straßen der Kreisstadt hindurch, vorbei an kleinen Läden und schönen, alten Villen. Dabei lernen Sie Bad Doberan gleich ein wenig kennen. Unterwegs gibt's zwei Molli-Haltestellen: die erste in der Stadtmitte, gleich bei der Touristinformation, und die zweite in der „Goethestraße". Die sollten Sie sich für die Rückfahrt schon mal merken, denn von da ist es nicht weit bis zum berühmten Doberaner Münster. Nur ein kleines Stückchen weiter und Sie sind auch schon raus aus der Stadt und umgeben von blühenden Wiesen. Wenn Sie jetzt rechts aus dem Fenster der alten Wagons gucken, sehen Sie parallel zur Bahnstrecke die Chaussee nach Heiligendamm, Deutschlands ältestem Ostseebad – und eine der schönsten Lindenalleen Europas. Weil auch der Radweg links neben der Straße dicht an der Schienenstrecke liegt, kann man die Allee allerdings nur vom Auto aus so richtig genießen, denn dann schlägt das Blätterdach der Bäume direkt über Ihnen zusammen. Mit dem Licht- und Schattenspiel an einem sonnendurchfluteten Sommertag ist das so beeindruckend wie der Besuch in einer riesigen, mittelalterlichen Kathedrale. Doch auch vom Abteilfester aus lässt sich die Schönheit durchaus erahnen. So geht's an Deutschlands ältester Galopp-Rennbahn vorbei weiter Richtung Meer. Unterwegs sollten Sie Ihren Kindern erzählen, wie die Bahn zu ihrem Spitznamen gekommen ist – und warum es nicht „die Molli", sondern „der Molli" heißt.

Das war nämlich so: Vor über 100 Jahren reiste eine wohlbetuchte, alte Dame mit ihrem kleinen, dicken Mops nach Bad Doberan. Und dieser Hund hieß – Sie ahnen es sicher schon – „Molli". Eigentlich sollte er mit seinem Frauchen in der Dampfeisenbahn nach Heiligendamm fahren, aber der kleine Mops weigerte sich standhaft einzusteigen. Da war nichts zu machen – und so rollte der Zug ohne die beiden an. Keine Ahnung, ob er nun doch noch mit wollte oder nicht, jedenfalls riss er sich los und rannte laut bellend hinter dem dampfenden Ungetüm aus Stahl her. „Molli, bliev stahn!", rief die Dame ängstlich ihrem Liebling hinterher. Für alle, die kein

Plattdeutsch verstehen, das heißt: „Molli, bleib stehen!" Der Hund fühlte sich irgendwie nicht angesprochen, dafür aber der Lokführer, und der ließ die Notbremse kreischen. Von dem Moment an hatte der Zug seinen Spitznamen weg und weil der Hund ein Hund war, heißt es eben nicht „die Molli" sondern „der".

Doch egal, ob „die" oder „der": Nach etwa 20 Minuten Fahrt kreischen wieder Mollis Bremsen, denn dann haben Sie das Ostseebad Heiligendamm erreicht. Entweder steigen Sie jetzt aus und besuchen die „Weiße Stadt am Meer" oder Sie fahren gleich weiter bis nach Kühlungsborn. Dort an der Endstation erwartet Sie ein kleines Molli-Museum, das nette Museumscafé und das größte Ostseebad der Küste. Das lässt sich aber auch auf später verschieben. Einen Abstecher ist Heiligendamm auf jeden Fall wert. Dann geht die Fahrt eben ein bis zwei Mollis später weiter.

Heiligendamm war ursprünglich die Sommerresidenz von Herzog Friedrich Franz I. Er gab 1793 den Startschuss zu ihrem Bau und schuf damit das älteste Seebad an der deutschen Ostseeküste. Die klassizistischen Häuser sind allesamt weiß getüncht und so erhielt das mondäne Bad den klangvollen Beinamen „Weiße Stadt am Meer".

Lassen Sie sich von den Hinweisschildern zur Seebrücke und zum Strand aber bloß nicht ablenken: Die führen Sie zwar durch einen schattigen Weg, aber im großen Bogen zur Seebrücke und weiträumig um das Luxushotel „Kempinski" herum. Gehen Sie also einfach vom Bahnhof aus stur geradeaus weiter. Dann sehen Sie das Vorzeige-Hotel und sind viel schneller am Strand und an der Seebrücke.

Einsteigen bitte!

Wieder zurück in Bad Doberan ist die „Goethestraße" die Bahnstation Ihrer Wahl, denn dann müssen Sie sich nur noch in Molli-Fahrtrichtung links halten und ein wenig durch die Straßen schlängeln, bis Sie schließlich vor dem **Doberaner Münster** aus dem 14. Jahrhundert stehen, erbaut aus fünf Millionen Backsteinen. Da heißt es dann erst mal: Kopf in den Nacken und eines der schönsten Zeugnisse norddeutscher Backsteingotik in aller Ruhe von außen bewundern. Wenn Sie Probleme haben, Ihre Kinder ins Innere der ehemaligen Klosterkirche zu locken, versuchen Sie's mit dem aufmunternden Satz: „Woll'n doch mal gucken, wie warm die Ostsee ist!" Bestimmt werden Ihre Knirpse so verdattert sein, dass sie hinter Ihnen hertrotten. Und drinnen erwartet Sie dann tatsächlich ein Mysterium: Die Raumtemperatur im Münster ist in der Tat immer mit der Wassertemperatur der Ostsee identisch! Bei unserem Besuch waren es erfrischende 13 Grad.

Durch das Münster werden auch extra Führungen für Kinder angeboten und während der Saison finden jeden Freitag um 19.30 Uhr Konzerte statt. Wenn Sie Glück haben, beginnt bei Ihrem Besuch aber gerade eine Gewölbeführung mit Kathleen Pechmann. Die sollten Sie sich auf keinen Fall entgehen lassen – und zwar aus mehreren Gründen: zum einen, weil Sie dabei 180 Stufen durch den engen Turm und eine 13 Meter hohe „Hühnerleiter" bis in den Glockenturm steigen (dafür sollten die Kinder aber schon etwa acht Jahre alt sein), den Klang der beiden Glocken lauschen (A und Fis) und sich auf dem Weg die prächtigen Deckengewölbe von oben ansehen können, zum anderen wegen Kathleen Pechmann. Ihre Führung ist so unterhaltsam, mitreißend und lustig, dass am Ende nicht nur alle Erwachsenen, sondern auch meine Kinder restlos begeistert waren.

i

Wie kommt man nach Bad Doberan?

ÖPNV: Von Wismar und Rostock.

PKW: A 20 oder B 105, Ausfahrt Bad Doberan.

Touristinformation Bad Doberan – Heiligendamm
Alexandrinenplatz 2, 18209 Bad Doberan

Infos: Telefon 03 82 03/6 21 54, Fax /7 70 50,
touristinfo@bad-doberan.de,
www.bad-doberan.de;

Mecklenburgische Bäderbahn Molli GmbH
Am Bahnhof, 18209 Bad Doberan

Infos: Telefon 03 82 03/4 15-0, Fax -12,
info@molli-bahn.de, www.molli-bahn.de;

i

Doberaner Münster
Klosterstraße 2, 18209 Bad Doberan

Geöffnet:	Mai bis September	
	montags bis samstags	9.00 – 18.00 Uhr
	sonn- und feiertags	11.00 – 18.00 Uhr
	März, April und Oktober	
	montags bis samstags	10.00 – 17.00 Uhr
	sonn- und feiertags	11.00 – 17.00 Uhr
	November bis Februar	
	montags bis samstags	10.00 – 16.00 Uhr
	sonn- und feiertags	11.00 – 16.00 Uhr
Infos:	Telefon 03 82 03/6 27 16, Fax /6 25 28, verwaltung@doberanermuenster.de, www.doberanermuenster.de;	

Tipps:
Bad Doberan hat eine *Jugendherberge*, in der – in begrenzter Zahl – auch Familien übernachten können (Telefon 03 82 03/6 24 39), und für eine kleine, stärkende Pause in der Stadt ist das *„Café Alexandrine“* eine schöne Adresse. Es liegt direkt an der Molli-Haltestelle „Bad Doberan Mitte“ in einem kleinen Innenhof. Dort finden Sie auch einige Kunsthandwerkerstätten.

Kartentipp:
1 : 30 000 Bad Doberan, Warnemünde (Verlag grünes herz)

16 Ein Bad im Brunnen der Lebensfreude

Unterwegs in der Hansestadt Rostock

Rostock ist die größte Stadt Mecklenburg-Vorpommerns – und sicher die lebendigste. Sie gilt als „Tor zur Ostsee" und deshalb beginnt unsere Entdeckungstour auch am Stadthafen, wie es sich für eine Hafenstadt gehört. Wenn Sie mit der Bahn anreisen, steigen Sie dafür in den Bus, wenn Sie mit dem Auto kommen, steuern Sie einen der westlichen Parkplätze am Stadthafen oder den an der Fischereibastion an. Von dort aus drehen Sie dem Wasser erst einmal den Rücken zu und marschieren geradeaus. Nach kurzer Zeit queren Sie die „Lange Straße", gehen geradeaus weiter und laufen dann direkt auf die Fußgängerzone „Kröpeliner Straße" zu. Sie ist das pulsierende Herz der Altstadt und eine beliebte und belebte Einkaufsstraße. Biegen Sie zunächst rechts in die Fußgängerzone ein. Von da führt der Weg an vielen schönen, kleinen Geschäften vorbei bis zum **Kröpeliner Tor**. Das 54 Meter hohe gotische Bauwerk gehört zu den ehemals 22 Toren der Stadt. Darin ist heute auf fünf Etagen das **Stadtgeschichtliche Museum** untergebracht. Nach diesem Abstecher drehen Sie einfach wieder um und schlendern die „Kröpeliner Straße" in entgegengesetzte Richtung zurück, bis Sie den **Universitätsplatz** erreichen. Der lässt sich gar nicht übersehen, denn das rote Hauptgebäude der Uni im Stil der italienischen Renaissance ist ein echter Hingucker. Damit Sie es in Ruhe auf sich wirken lassen können, bietet der Platz für Kinder eine besondere Attraktion: den **Brunnen der Lebensfreude**. Und der macht gerade an heißen Sommertagen seinem Namen alle Ehre: Aus allen möglichen Bronzefiguren sprudeln Wasserfontänen. Klug, wenn Sie jetzt ein Handtuch aus der Tasche ziehen können, denn dann heißt es: Schuhe, Strümpfe und Hemd aus – und hinein ins Vergnügen. Vom benachbarten Café begleitet ein Glockenspiel stilvoll die Wasserschlacht. So abgekühlt und mit Lebensfreude aufgetankt geht's weiter die Fußgängerzone entlang, vorbei an den wunderschön restaurierten Zierfassaden der hanseatischen Bürgerhäuser. Etwas versteckt liegt rechts der Eingang zum **Hopfenmarkt**. In der Mitte der Einkaufspassage befindet sich ein Innenhof mit kleinem Wasser-Spielplatz, auf dem sich Schaufelräder drehen, umgeben von Cafés. Ein schönes Ziel also für eine Tasse Milchkaffee, von dem aus Sie Ihre Kinder immer im Blick haben. Am Ende der „Kröpeliner Straße" erreichen Sie den **Neuen Markt** und das **Rathaus** mit seinen sieben Türmen. An dem Platz befindet sich auch die Touristinformation, in der es einen kostenlosen kleinen Stadtplan von Rostock gibt und jede Menge Informationen. Weit hinter dem Rathaus streckt sich der Turm der **Petrikirche** in den Himmel. Sie ist der „Leuchtturm" im historischen Stadtzentrum, denn die Kirche mit ihrem 117 Meter hohen Turm war früher Landmarke für die Seefahrer. Sie können mit einem Fahrstuhl zur Aussichtsplattform in 44 Meter Höhe fahren und haben dann einen schönen Blick auf die alte Hansestadt.

Auch die **St. Marienkirche** ist unbedingt einen Besuch wert. Wenn Sie sich vom „Neuen Platz“ mit Blick auf das Rathaus links halten, können Sie sie gar nicht verfehlen. Wie alle Kirchen bieten ihre dicken Mauern kostenlose Abkühlung an heißen Sommertagen – und zusätzlich eine berühmte Attraktion, die auch Kinder spannend finden: eine 11 Meter hohe Astronomische Uhr aus dem Jahre 1472. Biegen Sie vom Eingang scharf rechts ab. Am Ende finden Sie dann die etwas versteckt liegende, älteste funktionsfähige Astronomische Uhr der Welt. Ein Wunderwerk der Mechanik, denn auch nach über 500 Jahren zeigt sie noch Stunde, Tag, Sonnenaufgang, den Stand von Sonne und Mond im Tierkreiszeichen und die Mondphasen haargenau an. Ganz oben am Zifferblatt findet jeden Mittag Schlag 12 Uhr ein ganz besonderes Schauspiel statt: Dann treten sechs holzgeschnitzte Apostel aus einer kleinen Tür und laufen einmal an Jesus vorbei, bis sie wieder durch eine zweite Tür im Uhrengehäuse verschwinden. Nur einer hat Pech: Judas. Dem wird die Tür vor der Nase zugeschlagen und er muss bis zur nächsten Prozession um Mitternacht vor der verschlossenen Himmelstür stehen bleiben. Wenn Sie es nicht bis 12 Uhr schaffen, können Sie ihn dort also stehen sehen.

Seine Geschichte wird sicher für genügend Gesprächsstoff auf dem Rückweg zum Stadthafen sorgen. Vom Eingang der Kirche gehen Sie

Der Brunnen der Lebensfreude

rechts um das alte Gemäuer herum und erreichen wieder die Hauptstraße „Lange Straße". Dahinter liegt der Stadthafen, und den sollten Sie nun in aller Ruhe entlangschlendern. Bis 1960 war er Hauptumschlagplatz der Stadt Rostock, heute eine beliebte Flaniermeile mit Theatern, Gaststätten und alten Speichern. Von dort aus zeigt Rostock seine schönste Silhouette. Und weil man die vom Wasser aus noch viel besser genießen kann, geht unser Ausflug nun mit dem Schiff weiter. Vom Fähranleger „Stadthafen" starten die Schiffe der Weißen Flotte zur großen Hafenrundfahrt. Sie bringt uns nach Warnemünde, vorbei an einem alten Fischdampfer, in dem sich jetzt eine Galerie befindet, an der schwimmenden Jugendherberge „Georg Büchner" und am IGA-Park-Gelände in Rostock-Schmarl, das einen eigenen Fähranleger hat, immer die Warnow entlang. Nach knapp einer Stunde macht das Schiff dann in Warnemünde fest. Vom Ankerplatz ist es nur ein Katzensprung bis zum „Alten Strom", der bis 1903 Rostocks Hafenzufahrt war und sich mit seinen schmucken Kapitänshäusern jede Menge Charme erhalten hat. Der Weg dorthin führt vom Anleger direkt unter der S-Bahn hindurch. Von dort aus sollten Sie sich einfach ganz nach Lust und Laune durch Warnemünde treiben lassen. Sie können die Kreuzfahrtschiffe im Hafen bestaunen, einen Strandspaziergang unternehmen, die Strandpromenade entlangflanieren, den 86 Meter hohen Leuchtturm erklimmen und sich im Heimatmuseum über das Leben der Seeleute und Fischer in grauer Vorzeit informieren. Zurück nach Rostock fahren Sie dann mit der S-Bahn, die Sie auf dem Hinweg schon mal von unten gesehen haben. Um wieder zum Stadthafen zu gelangen, steigen Sie an der Station „Hohlbeinplatz" aus. Wer zum Hauptbahnhof will, fährt noch zwei Stationen weiter. Weil Rostock für Familien viel zu bieten hat, finden sich im Info-Teil weitere Tipps, die große und kleine Rostock-Besucher glücklich machen können – zum Beispiel ein Besuch bei den rund 1 700 Tieren im Erlebnis-Zoo, dem größten entlang der deutschen Ost- und Nordseeküste. Im Mai und Juni ist das besonders reizvoll, denn dann steht der Rhododendron in voller Blüte.

i

Wie kommt man nach Rostock?

ÖPNV:	Über Wismar, Schwerin, Berlin oder Stralsund.
PKW:	A 20, Ausfahrt Rostock-Südstadt.

Tourist-Information Rostock
Neuer Markt 3, 18055 Rostock

Infos:	Telefon 0 38 1/3 81-22 22, Fax -26 01, touristinfo@rostock.de, www.rostock.de;

Zoologischer Garten Rostock gGmbH
Rennbahnallee 21, 18059 Rostock

Geöffnet:	April bis Oktober	9.00 – 19.00 Uhr
	November bis März	9.00 – 17.00 Uhr
Infos:	Telefon 03 81/2 08 20, Fax /4 93 44 00, post@zoo-rostock.de, www.zoo-rostock.de;	

Heimatmuseum Warnemünde
Alexandrinenstraße 30/31, 18119 Seebad Warnemünde

Geöffnet:	April bis Oktober	
	dienstags bis sonntags	10.00 – 18.00 Uhr
	November bis März	
	mittwochs bis sonntags	10.00 – 17.00 Uhr
Infos:	Telefon 03 81/5 26 67, www.heimatmuseum-warnemuende.de;	

Kröpeliner Tor
Kröpeliner Straße, 18055 Rostock

Geöffnet:	mittwochs bis sonntags	10.00 – 18.00 Uhr
Infos:	Telefon 03 81/45 41 77	

Indoor-Erlebniswelt „Kinderland“
Mohr & Partner GbR, Kösterbecker Straße 5, 18184 Roggentin

Geöffnet:	montags bis freitags	14.00 – 19.00 Uhr
	samstags, sonn- und feiertags	
	sowie in den Ferien	10.00 – 19.00 Uhr
Infos:	Telefon 03 82 04/7 68 40, Fax /7 68 42, info@kinderland-rostock.de, www.kinderland-rostock.de;	

Tipp:
Zwar keine wilden Tiere wie im Zoo, dafür aber exotische Gärten, schöne Spielplätze und jede Menge Platz zum Herumtoben bietet ein Ausflug in den *IGA-Park* in Rostock-Schmarl (www.iga-park-rostock.de) – und das zu sehr familienfreundlichen Preisen.

Kartentipp:
1 : 30 000 Bad Doberan, Warnemünde
(Verlag grünes herz)

17 Trocken durch den Fluss

Ein Ausflug in den Natur- und Umweltpark Güstrow

Gut 50 Kilometer südlich von Rostock liegt die Stadt **Güstrow** mit ihrem imposanten Renaissance-Schloss, mitten im Herzen Mecklenburgs und eingebettet in eine reizvolle Fluss- und Seenlandschaft. Schon das allein ist sicher einen Besuch wert. Vollends lohnend wird der Ausflug aber, wenn Sie einen Abstecher zum **Natur- und Umweltpark** – kurz NUP genannt – vor den Toren der Stadt einplanen. Da können große und kleine Naturfreunde viele heimische und ehemals heimische Tierarten ganz nah erleben und außerdem zu echten Entdeckern werden. Beispielsweise im Umweltbildungszentrum, das anlässlich der Expo 2000 eröffnet wurde. Oder beim Durchstreifen ganz unterschiedlicher Biotope, die für die Mecklenburger Landschaft so typisch sind. Und weil das einige sind, sollten Sie sich dafür auch mindestens einen halben Tag Zeit nehmen.

Schon auf dem Weg vom Parkplatz zum Eingang wird klar: Der NUP ist nicht einfach nur ein Wildpark mit hübsch angelegten Wanderwegen, sondern ein Park, in dem die Natur mit all ihren Facetten im Mittelpunkt steht. Bevor Gäste die Kasse erreichen, gibt's einen Rosengarten zu sehen, Streuobstwiesen, einen kleinen Fluss und riesige Sonnensegel. Und gleich hinter der Kasse steht man auch schon mitten drin im Umweltbildungszentrum, in dem sich alles ums Element Wasser dreht. Hören, riechen, sehen, tasten – mit allen Sinnen können kleine Forscher dort auf Entdeckungsreise gehen. Ein kleiner Bach plätschert an Aktionswänden vorbei bis zu einem Karpfenbecken. Hier beginnt die Reise zur heimischen Unterwasserwelt. Die Attraktion dabei ist ein zwölf Meter langer Aqua-Tunnel, mit dessen Hilfe kleine „Tiefseeforscher" durch einen Fluss hindurchtauchen können – ohne die Luft anzuhalten und ohne nass zu werden. Dort und an der 30 Meter langen Aquariumwand können heimische Süßwasserfische wie Forelle, Hecht, Barsch und Zander in ihrem natürlichen Lebensraum durch ein 14 Zentimeter dickes Acrylglas beobachtet werden. Damit die Aussicht immer ungetrübt bleibt, reinigen Taucher regelmäßig die Scheiben. Wer Glück hat, kann sie also in voller Montur bei der Arbeit beobachten.

Außerhalb des Eingangshauses öffnet sich dann das weitläufige Parkgelände mit den vielen Tiergehegen und den unterschiedlichen Naturbereichen. Rund eine Stunde reine Gehzeit dauert der kleine Rundweg, der vorbei an Spielplatz, Streichelgehege und durchs Wild-Freigehege führt. Wer außerdem noch die Wölfe und Eulen erleben möchte, wählt den mittleren Rundweg. Er dauert mindestens eine halbe Stunde länger. In knapp drei Stunden kann der ganze Park, einschließlich der Wege durch das Hochmoor, durchwandert werden. Kleine Entscheidungshilfe: Am Eingang können Sie sich für große, schwere Proviant-Rucksäcke und kleine, müde Wanderer einen Bollerwagen ausleihen. Die Wege durch den Park sind sehr schön und abwechslungsreich angelegt.

Überraschend das Gehege der Wölfe: Der Weg führt nämlich ohne Zaun mitten hindurch – allerdings in luftiger Höhe. So ist die Chance, die grauen, scheuen Vierbeiner auch bei Tag zu beobachten, groß. Wer mehr von ihnen sehen und über sie erfahren möchte, kann sich aber auch zu einer Vollmondwanderung anmelden.

Ob die Moorleiche...

Solch eine Abend- und Nachtwanderung macht auch bei den Eulen Sinn. Am Tag ist die Wahrscheinlichkeit doch eher gering, dass sich die Nachttiere mit lautlosem Flügelschlag durchs Freigehege gleiten lassen. Da sieht man sie dann doch eher still und regungslos auf den Baumstämmen sitzen. Im Ausstellungsbereich des Freiflug-Geheges kann man aber auch bei Tag Interessantes über diese Jäger der Nacht erfahren. Zum Beispiel, dass Eulen ihren Kopf so weit nach links drehen können, dass sie sich problemlos über die rechte Schulter gucken können. Versuchen Sie das bloß nicht nachzumachen!

... den Wölfen zum Opfer fiel?

Richtig gruselig wird es auf dem Weg durch das Hochmoor. Am Ende kann man nämlich Zeuge werden, wie eine Moorleiche ausgegraben wird. Wer Näheres dazu erfahren möchte, muss nur ganz fest auf den grünen Knopf drücken. Nur so viel sei verraten: Die meisten der rund 700 Moorleichen, die man bisher in Europa gefunden hat, waren nicht etwa verirrte Wanderer, sondern meistens Opfer von Verbrechen oder Hinrichtungen in grauer Vorzeit.

Natur- und Umweltpark Güstrow
Verbindungschaussee, 18273 Güstrow

Wie kommt man hin?

ÖPNV:	Mit der S-Bahn ab Hbf Güstrow, Haltestelle Güstrow-Primerburg, von dort 15 Min. Fußweg, oder mit dem Bus vom Hbf Güstrow, Haltestelle Natur- und Umweltpark.	
PKW:	A 19, Ausfahrt Güstrow-Süd.	
Geöffnet:	April bis Oktober	9.00 – 19.00 Uhr
	November bis März	9.00 – 16.00 Uhr
Infos:	Telefon 0 38 43/24 68-0, Fax -20, info@nup-guestrow.de, www.nup-guestrow.de;	

Fremdenverkehrsverein Güstrow e. V.
Domstraße 9, 18273 Güstrow

Infos: Telefon 0 18 05/68 10 68, info@guestrow-tourismus.de, www.guestrow-tourismus.de;

Tipp:
Besuchen Sie anschließend die *Barlachstadt Güstrow*. Sie können sich das *Schloss* ansehen, das als bedeutendstes Renaissance-Bauwerk Norddeutschlands gilt – und Ernst Barlachs berühmten Bronzeengel. Er schwebt seit 1952 als Drittguss in der Seitenkapelle des *Güstrower Doms*. Den Erstguss dieses Mahnmals gegen den Krieg haben die Nazis Ende der 1930er Jahre eingeschmolzen.

Kartentipp:
1 : 75 000 Mecklenburgische Ostseeküste, Wismar – Rostock (Verlag grünes herz)

18 Graal-Müritz

Zwischen Mischwald und Moor

Graal-Müritz lockt mit besonders guter Luft. Deshalb darf sich der Ort seit 1960 auch „Ostseeheilbad" und nicht nur schnöde „Ostseebad" nennen. Das liegt an seiner perfekten Lage zwischen Meer und Wald, denn der Doppelort grenzt unmittelbar an das größte zusammenhängende Mischwaldgebiet der deutschen Ostseeküste: an die Rostocker Heide. So vermengt sich dort die gute jod- und salzhaltige Seeluft mit der würzigen Waldluft. Das Ergebnis lässt sich nicht nur am fünf Kilometer langen, feinen, weißen Sandstrand schön einatmen, sondern auch auf vielen ausgedehnten Spaziergängen entlang der gut markierten Wanderwege. Einige davon führen auch durch das *Müritz-Ribnitzer Hochmoor* und damit durch ein besonderes Biotop, denn dort findet man noch viele seltene Pflanzen und Tierarten, die man an anderen Stellen vergeblich sucht.

In Graal-Müritz gibt es einen Fahrrad- und einen Bootsverleih und einen Spielplatz direkt am Strand. Im Mai und Juni lohnt sich ein Besuch im Ostseeheilbad ganz besonders, denn dann blühen im 4,5 Hektar großen Rhododendren-Park wunderschön die Sträucher.

i

Wie kommt man nach Graal-Müritz?

ÖPNV:	Ab Hbf Rostock mit Bus oder Bahn.
PKW:	A 19 oder A 20, Ausfahrt Rostock-Ost, von dort auf der B 105 Richtung Stralsund. In Rövershagen links ab Richtung Graal-Müritz.

Tourismus- und Kur GmbH
Rostocker Straße 3, 18181 Ostseeheilbad Graal-Müritz

Infos:	Telefon 03 82 06/7 03-0, Fax -20, touristinformation.tuk@graal-mueritz.de, www.graal-mueritz.de;

Kartentipp:

1 : 30 000	Graal Müritz, Rostocker Heide (Verlag grünes herz)

Prerow bietet wilde Traumstrände 19

Der Nordstrand in Prerow ist fünf Kilometer lang, bis zu 100 Meter breit – und gilt als der schönste der deutschen Ostseeküste. Er ist besonders bei FKK-Anhängern äußerst beliebt. Und das Allerbeste: Er wächst jedes Jahr ein Stückchen mehr ins Meer hinaus. Dabei kann man beinahe zusehen, wie er breiter und breiter wird. Schneeweiß, steinfrei, windgeschützt, kinderfreundlich und mit einem blitzesauberen Wasser. Beinahe wie im Süden. Kann man eigentlich noch mehr wollen? Vielleicht. Wer das alles noch eine Spur wilder und romantischer mag, ist in Prerow nämlich genauso richtig, denn außer dem Traum-Nordstrand gibt es noch den Traum-Weststrand. Der ist zwar nicht bewacht und restaurantfrei, dafür aber mit Sicherheit der idyllischste der ganzen Ostseeküste. Fast berühren hier die vom Wind bizarr verformten Bäume – Windflüchter genannt – das Meer. Der Weg dorthin ist allerdings etwas beschwerlich, denn die mindestens vier Kilometer müssen entweder zu Fuß oder mit dem Fahrrad zurückgelegt werden (s. auch Kapitel 23). Der Weg dorthin führt mitten durch den Darßer Urwald.

Wie kommt man nach Prerow?

ÖPNV: Vom Bhf Riebnitz-Damgarten/West bzw. Barth mit der Buslinie 210 auf den Darß.

PKW: A 20 bis Kreuz Rostock, dann auf die A 19 bis zur Ausfahrt Rostock-Ost, auf die B 105 Richtung Stralsund bis zum Abzweig „Fischland/Darß“ in Altheide und weiter nach Prerow.

Kur- und Tourismusbetrieb Ostseebad Prerow
Gemeindeplatz 1, 18375 Ostseebad Prerow

Infos: Telefon 03 82 33/6 10-0, Fax -20, www.ostseebad-prerow.de;

Kartentipp:
1 : 30 000 Fischland, Darß, Zingst (Verlag grünes herz)

20 Zingst sorgt für leuchtende Kinderaugen

Zingst ist mit seinem 15 Kilometer langen Strand nicht nur das größte Ostseebad der Halbinsel, sondern mit Sicherheit auch erste Wahl für alle, die von einem perfekten Strandurlaub mit der ganzen Familie träumen. Besonders für kleine Sommergäste gibt es ein kunterbuntes Allwetterprogramm, bei dem Langeweile keine Chance hat. Das beginnt bei einem eigenen Ortsplan für Kinder, in dem alle Attraktionen und Aktivitäten eingetragen sind, und hört auf bei einem Restaurant, bei dem fast nur Nudeln auf der Speisekarte stehen. Keine Frage: Das lässt Kinderherzen deutlich höher schlagen. Da gibt's die Zingster Kinderwelt im bunten Zelt am Strand, in dem jeden Montag, Mittwoch und Freitag von 10 bis 15 Uhr gebastelt wird, viele, viele Veranstaltungen speziell für Kinder und Familien, die **Pommernstube** gleich neben dem **Heimatmuseum**, in der bei Workshops rund ums Jahr alte Handwerkskünste wie Weben oder Spinnen wieder lebendig werden und – als absoluter Höhepunkt – die **Zingster Kinderwelt** mit der Ideen-Werkstatt „Pfiffikus", dem „Experimentarium" und dem Spielplatz mit dem Leuchtturm „Alter Lutz". Dort befindet sich auch das Restaurant Sp@(r)ghetti mit besagter Nudel-Karte. All das sorgt für zufriedene Kinder – und damit für entspannte Sommer-Sonnen-Urlaubstage für die ganze Familie.

Der „Alte Lutz" im Kinderland

Wem nach so viel Aktion dann doch einmal der Sinn nach Ruhe und Beschaulichkeit steht: Wunderschön ist die acht Kilometer lange Fahrradtour vom Parkplatz an den Sundischen Wiesen bis nach Pramort, dem östlichsten Teil der Halbinsel. Von einem Beobachtungsstand aus kann man bis auf die Werder Inseln sehen. Im September und Oktober lassen sich von hier aus die Kraniche bei ihrer Rast besonders gut beobachten. Fahrräder können in der Nähe des Parkplatzes ausgeliehen werden.

Wie kommt man nach Zingst?

ÖPNV:	Mit der Regionalbahn nach Barth, von dort Busverkehr.
PKW:	A 19 oder A 20, Ausfahrt Rostock-Ost, dann auf die B 105 Richtung Ribnitz-Damgarten. In Altheide links auf die L 21 Richtung Fischland-Darß-Zingst.

Kur- und Tourismus GmbH Zingst
Seestraße 56, 18374 Ostseeheilbad Zingst

Infos:	Telefon 03 82 32/8 15-21, Fax -25, info@zingst.de, www.zingst.de;

Heimatmuseum Haus Morgensonne
Strandstraße 1, 18374 Ostseeheilbad Zingst

Infos:	Telefon/Fax 03 82 32/1 55 61
Tipp:	Donnerstags können Sie zwischen 10.00 und 16.00 Uhr frische Bio-Produkte aus der Region auf dem Museumshof kaufen.

Pommernstube
Strandstraße 3, 18374 Ostseeheilbad Zingst

Infos:	Telefon/Fax 03 82 32/8 97 70, info@pommernstube-zingst.de, www.pommernstube-zingst.de;

Zingster Kinderwelt GmbH
Experimentarium, Seestraße 76, 18374 Ostseeheilbad Zingst

Infos:	Telefon 03 82 32/8 46-78, Fax -79, kinderwelt@zingst.de, www.zingsterkinderwelt.de;

Kartentipp:

1 : 30 000	Fischland, Darß, Zingst (Verlag grünes herz)

21 Zur kleinen Hexe Hinkepoot

Forst- und Köhlerhof in Rostock-Wiethagen

Um dem Sommertrubel der Seebäder für einen Tag zu entfliehen, ist der **Forst- und Köhlerhof** in **Wiethagen** ein lohnendes Ziel, denn er liegt mitten in einem schattigen Waldstück in der Rostocker Heide, so versteckt, dass sich die Besucher garantiert nicht auf die Füße treten. Das mag auch daran liegen, dass die Entstehungsgeschichte von Teer, Pech und Holzkohle zunächst nicht besonders spannend klingt. Aber das täuscht, denn auf dem Gelände der einzigen historischen Teerschwelerei Mitteleuropas, die noch in Betrieb ist, gibt es für große und kleine Gäste so einiges zu entdecken. Die Produkte, die heute noch in der Anlage hergestellt werden, mögen vielleicht nicht direkt zu Herzen gehen, wohl aber sofort in die Nase: Schon am Eingang riecht es nach Teer. Das kann lange verschüttete Erinnerungen wecken – wie bei meinem Mann, der sich flugs in seine ferne Kindheit im Hamburger Hafen zurückversetzt fühlte. Damals wurde Teer noch zum Imprägnieren der Eisenbahnschwellen benutzt und der Geruch danach lag quasi ständig in der Luft. „Lasuren gab's ja noch nicht", klärt er seine Sprösslinge auf. Die finden allerdings, dass das „irgendwie komisch riecht" und sind damit auch gleich richtig eingestimmt auf dieses alte Handwerk. In Wiethagen wird es wieder lebendig. Und damit der Alltag des Köhlers, der im Wald ein arg einsames Leben führte. Vom Frühjahr bis zum Winteranfang hauste er dort mit seinen Gehilfen in unmittelbarer Nähe zum Meiler, in dem Holz in Holzkohle verwandelt wurde. Ein mühsames Handwerk, denn der Meiler musste ständig kontrolliert werden, damit dieser Umwandlungsprozess auch richtig ablaufen konnte. Feierabend gab es nicht und ans „nach Hause fahren" in die nächste, weit abgelegene menschliche Siedlung war gar nicht zu denken. Als Unterschlupf

Auf dem Gelände des Köhlerhofs

blieb nur die Köhlerhütte. Sie hieß „Köte“ und bestand aus vier bis fünf Meter langen Stangen, die kegelförmig aufgestellt und mit Fichtenrinde, Reisig oder Grassoden abgedeckt wurden. Ganz oben befand sich eine Öffnung, damit der Rauch abziehen konnte und der Köhler so nicht selbst zur Kohle wurde. In Wiethagen kann solch eine Köte im Modellpark (er beginnt links vom Eingangshäuschen) stilecht unter hohen Bäumen besichtigt werden, und siehe da: Sie erinnert von außen doch sehr stark an ein Indianer-Tipi! Interessant auch der Blick ins karge Innere. Wenn man sich darin den kohlenstaubverschmierten Herrn des Meilers mit seinen finsteren Gesellen vorstellt, ist es gar kein Wunder, dass es so viele Schauergeschichten über das Leben des Köhlers im düsteren Wald gibt!

So eingestimmt auf die Welt der Mythen und Märchen machen Sie hinter der Köte am besten sofort einen Abstecher vom Rundweg des Modellparks zum „*Skulpturenpfad*“: Dort finden Sie von heimischen Künstlern geschaffene Holzplastiken und Reliefs aus der Märchen- und Sagenwelt der Rostocker Heide. Zum Beispiel die „Bernsteinhexe“. Diese Figur geht auf die Geschichte der jungen Pastorentochter Maria Schweidler zurück, die zur Zeit des Dreißigjährigen Krieges lebte und beim Beerenpflücken auf der Insel Usedom einen riesigen Bernstein fand. Der brachte ihr zunächst nur Unglück, denn sie wurde der Ketzerei angeklagt und sollte verbrannt werden. Am Ende wurde sie dann aber doch noch von einem Junker gerettet – und geheiratet.

Wer sich in der Rostocker Sagenwelt genügend umgesehen hat und danach den Rundweg durch den Modellpark zu Ende geht, steht kurz vor dem Ausgang vor einem historischen Kuriosum: dem „Datschenfreund“. Das ist kein aus Holz geschnitzter guter Geist der Laubenpieper, sondern ein umgebautes 200-Liter-Benzinfass. Darin ließen sich zu DDR-Zeiten in zwölf Stunden zehn Kilogramm Holzkohle gewinnen. Das zeugt von beeindruckendem Einfallsreichtum der Mecklenburger, denn Grillkohle war in der DDR Mangelware.

Rechts vom Eingangshäuschen liegt das Freigelände mit Spielplatz, dem großen und kleinen Teerschwelofen sowie der Ausstellungshalle mit vielen Informationen und einem Computer, in dem auch Kinder begeistert „blättern“ können. Dahinter steht ein alter, grüner Waldarbeiterwagen und eine Voliere, in der „Robert, der Dritte“ lebt. Das ist ein flügellahmer Kolkrabe, der das Markenzeichen des Forst- und Köhlerhofes ist. Doch Vorsicht: Robert beißt!

Wenn Sie nach dem Museumsbesuch Lust auf eine kleine Wanderung haben: Direkt am Forst- und Köhlerhof beginnt ein 1,3 Kilometer langer *Wald- und Naturlehrpfad*, der mit 25 Stationen durch die Flora und Fauna der Rostocker Heide führt. Ein Wegbegleitheft gibt’s im Museum.

Forst- und Köhlerhof Wiethagen
18182 Rostock-Wiethagen

Wie kommt man hin?

PKW:	Von Rostock über die B 105 in Richtung Ribnitz-Damgarten. Kurz hinter Rövershagen weist links ein Hinweisschild den Weg.

Geöffnet:	Oktober bis März	
	dienstags bis freitags	9.00 – 16.00 Uhr
	samstags	10.00 – 17.00 Uhr
	April bis September	
	dienstags bis freitags	9.00 – 16.00 Uhr
	samstags und sonntags	10.00 – 17.00 Uhr

Infos:	Telefon 03 82 02/20 35, Fax /2 94 37, kontakt@koehlerhof-wiethagen.de, www.koehlerhof-wiethagen.de;

Tipp:
Dicht beim Museum liegt an der B 105 in Rövershagen *„Karl's Erlebnis-Hof"* (www.bauernmarkt.de). Dort dreht sich alles um die Erdbeere und im Bauernmarkt gibt's über 6 000 regionale Spezialitäten zu kaufen. Die Kinder dürfen sich im großen Abenteuerland mit Spielplatz und Streichelzoo vergnügen – und zwar kostenlos!

Kartentipp:

1 : 30 000	Graal Müritz, Rostocker Heide (Verlag grünes herz)

Zur Darßer Arche in den Nationalpark

Gleich hinter der Rostocker Heide liegt der Eingang zu einem Naturparadies: zur Halbinsel mit dem kompliziert klingenden Namen **„Fischland-Darß-Zingst"**. Sie hätte wirklich einen klangvolleren verdient, denn ihre Landschaft ist so ursprünglich und schön, dass sie süchtig machen kann. Wer dort mit offenen Augen Urlaub macht, wird Bilder entdecken, die nicht nur das Herz, sondern auch die Seele berühren.

Wie der Name bereits vermuten lässt, besteht die Halbinsel aus drei Teilen: aus dem schmalen Fischland, das gleich hinter Graal-Müritz den Saaler Bodden von der Ostsee abtrennt; aus dem Waldgebiet Darß, das als Mittelteil wie ein Dreieck in die Ostsee ragt; und als östlicher Zipfel aus dem flachen, langgestreckten Wiesenland Zingst, das schließlich in einer imposanten Dünenlandschaft endet. Zwischen Darß, Zingst und dem Festland liegt ein Juwel: Gemeinsam mit dem Gebiet um die Insel Hiddensee und einen Teil der westlichen Küste von Rügen erstreckt sich hier der **Nationalpark Vorpommersche Boddenlandschaft**.

Um sich über dieses Naturschutzgebiet erst einmal einen Überblick zu verschaffen, führt unsere Tour nach Wieck auf Darß zum **„Nationalpark- und Gästezentrum Darßer Arche"**. Hier erhalten Besucher auf über 500 Quadratmetern Ausstellungsfläche faszinierende Einblicke in die Lebensräume zwischen Bodden und Ostseeküste.

Erlebnisraum „Schilf"

Und weil diese Einblicke alles andere als staubtrocken sind, ist das auch was für kleine Nationalpark-Besucher. Schon von außen macht die Darßer Arche ihrem Namen alle Ehre. Sie ist ökologisch gebaut, ganz aus Holz, und sieht tatsächlich aus wie ein Schiff.

Hinter der Kasse führt der Weg nicht schnöde in die Ausstellungsräume hinein, sondern durch einen „Brandungstunnel" hindurch, der schon akustisch auf die Ausstellung einstimmt. Hier rauscht das Meer. Multimedial geht's weiter. In den Erlebnisräumen „Schilf", „Wasser", „Düne", „Steilküste" und „Wald" gibt es ganz viel zu entdecken. Zum Beispiel, dass Fische gar nicht stumm sind, sondern unter Wasser durchaus Töne von sich geben. Dass es im Brackwasser der Bodden Algen gibt, die nicht beleidigt sind, wenn man sie „Armleuchter" nennt – weil sie tatsächlich so heißen. Und dass der große, wunderbar glitzernde Goldkäfer nur eine von 1 500 verschiedenen Insektenarten ist, die rund um eine Eiche leben. Normalerweise gut verborgen im Blätterdickicht, unter der Baumborke oder in Höhlen im Holz sind viele von ihnen in kleinen Schaukästchen in der Darßer Arche gemeinsam ausgestellt.

Wenn Sie alle Lebensräume der Ausstellung durchwandert haben, jeden Stein umgedreht und mit Riesenschritten das Nationalparkgebiet durchquert haben, das als schön gestaltete Karte den Fußboden ziert, wird es Zeit, sich entspannt zurückzulehnen und an einem Kranichflug über den Nationalpark teilzunehmen. Dafür können Sie im Multivisionsraum Platz nehmen. Die Kinder sollten sich dabei den Stuhl direkt an dem Pfosten in der Mitte des Raumes sichern, denn da hängt ein großer, roter Alarmknopf. Der darf immer dann gedrückt werden, wenn der Kranich auf seinem Flug über die

Vor der „Darßer Arche"

Halbinsel mal Pause machen soll. Dann gibt es Infos – zum Beispiel über die Insel Hiddensee (s. Kapitel 33) oder über den Darßer Leuchtturm (s. Kapitel 23).

Dabei machen Sie dann schon mal Bekanntschaft mit einem Gast, der jedes Frühjahr und jeden Herbst quasi seinen Urlaub im Nationalpark verbringt: mit dem Graukranich. Viele, viele Tausende von diesen Vögeln des Glücks treffen sich jedes Jahr ab August im Naturparadies der Boddenlandschaft, um sich vor ihrem Flug ins Winterquartier nach Spanien noch mal wichtige Flugreserven anzufuttern. Der Nationalpark Vorpommersche Boddenlandschaft ist einer der größten Kranichsammelplätze Europas. Wie ein Jahr im Leben eines Kranichs aussieht, können kleine und große Tierforscher links vor dem Eingang zur Arche erfahren. Bei einem kleinen Rundgang erzählt die alte Kranichdame „Oma Lilli“ auf Schautafeln kindgerecht von ihren Lebens- und Reise-Erinnerungen. Jedes Jahr kommt sie im September aus Schweden und macht hier Station. Wenn sie mit ihren Artgenossen weiter Richtung Süden zieht, können die menschlichen Bewohner sich schon mal warm anziehen, denn wenn die Kraniche aufbrechen, wird es kalt. Über vier Länder hinweg ziehen sie rund 3 000 Kilometer bis nach Spanien. Die beste Zeit, sie über Deutschland fliegen zu sehen, ist Anfang November und im März. Wer dann die Ohren spitzt, kann sogar ihr lautes Trompeten hören.

Wenn die Kraniche in der Boddenlandschaft rasten, bietet die Darßer Arche viele Veranstaltungen zum Thema an und informiert regelmäßig an den Kranich-Beobachtungsstationen rund um den Bodden (s. auch Kapitel 25). Dazu – und zu den Terminen für andere Wanderungen und Veranstaltungen rund ums Jahr – gibt es in der Arche übrigens kostenlos ein Info-Heft mit dem Titel „Unterwegs im Nationalpark“.

Wenn Sie nach soviel Einblicken in das Schutzgebiet Lust bekommen haben, sich die Natur gleich einmal „live“ anzusehen: Biegen Sie von der Arche in die „Hauptstraße“ ein. Sie mündet am Ende in den „Borner Weg“ und dann sind Sie schon mitten drin im Darßer Wald zu einem kleinen Spaziergang.

Lohnend und nicht zu weit ist von Wieck auch ein Abstecher mit dem Auto über Born nach **Ahrenshoop** im Fischland. Die Straße führt übrigens ebenfalls durch den dunklen Darßer Wald. Ahrenshoop ist ein kleiner, schmucker Badeort mit schönen reetgedeckten Häusern. Der ehemalige Fischerort war und ist bei Künstlern sehr beliebt und hat sich viel von seinem Charme bewahrt. In der Bäckerei Hagedorn in der „Dorfstraße“ können Sie sich mit leckerem Schlemmerkuchen versorgen und dann am Ortsausgang Richtung

Darß rechts zu einer kleinen Wanderung in das *Naturschutzgebiet Ahrenshooper Holz* abbiegen. Dort stehen bis zu vier Meter hohe Stechpalmen, die hier eigentlich gar nicht zu Hause sind, denn normalerweise erfrieren sie bei starkem Frost. Das milde Klima des Fischlands bekommt ihnen dagegen offensichtlich ausgezeichnet.

i

Nationalpark- und Gästezentrum Darßer Arche
Bliesenrader Weg 2, 18375 Wieck a. Darß

Wie kommt man hin?

ÖPNV:	Ab Bhf Riebnitz mit der Buslinie 210 bis Wieck-Ost, von da nur noch 50 m Fußweg.
PKW:	A 19, Ausfahrt Rostock-Ost, weiter die B 105 Richtung Riebnitz-Damgarten, links ab Richtung Klockenhagen, Dierhagen, weiter über Wustrow, Ahrenshoop und Born nach Wieck a. Darß. Der Weg zur Arche ist ausgeschildert.
Geöffnet:	Mai bis Oktober 10.00 – 18.00 Uhr November bis April mittwochs bis sonntags 10.00 – 16.00 Uhr
Infos:	Telefon 03 82 33/70 38-0, Fax -19, info@darsser-arche.de, www.darsser-arche.de;
Tipp:	Jeden Mittwoch und Samstag ist vor der Arche Biomarkt mit Produkten aus der Region. Das Angebot ist klein, aber fein: Obst, Gemüse, Käse, Wurst, Vollkornprodukte und Spezialitäten wie Sanddorngelee.

Kurverwaltung Ostseebad Ahrenshoop
Kirchnersgang 2, 18347 Ostseebad Ahrenshoop

Infos:	Telefon 03 82 20/66 66-10, Fax -29, www.ostseebad-ahrenshoop.de;

Kartentipp:

1 : 30 000	Fischland, Darß, Zingst (Verlag grünes herz)

Von Prerow zum Natureum Darßer Ort

Ziele, die nicht so einfach zu erreichen sind, haben ihren eigenen Reiz. Der **Darßer Ort** ist solch ein Platz. Er liegt ganz versteckt am nördlichsten Zipfel der Halbinsel Fischland-Darß-Zingst und der Weg dorthin führt von Prerow aus fünf Kilometer durch den dunklen Darßer Wald. Zu Fuß, per Rad oder mit der Pferdekutsche – anders geht es nicht, denn eine Straße, die sich mit dem Auto befahren ließe, führt nicht hinein in den Nationalpark. So heißt es also für diese Tour: Proviant-Rucksack packen, Wasserflasche nicht vergessen, feste Schuhe geschnürt – und los geht's.

Der Eingang zum Weg, der sich durch den Darßer Wald bis zum alten Leuchtturm schlängelt, liegt an Prerows westlichem Ende, ganz in der Nähe des Strandes. Wer mit dem Auto kommt, kann seinen Wagen auf einem der beiden Parkplätze am Ende des „Bernsteinwegs" abstellen. Der Weg zum Leuchtturm ist ausgeschildert.

Für die Kinderkarre ist die Strecke übrigens nicht wirklich gut geeignet. Kleine Zwerge sollten also am besten ins Tragegestell oder als Mitfahrer aufs Rad. Auch das Fahren mit dem Fahrradanhänger erfordert auf der Strecke ein wenig Übung und Geschick, denn auf den Waldwegen kann es eng und holprig werden. Größere Kinder sollte man getrost laufen lassen. Auf der gut 75-minütigen Wanderung findet sich im Wald mit Sicherheit ein schönes Plätzchen für ein Pausen-Picknick und zurück kann man bei kleinen Wandermuffeln ja auch die Pferdekutsche nehmen.

Der 4 700 Hektar große Darßwald gehört zur Kernzone des *Nationalparks Vorpommersche Boddenlandschaft*, das heißt: Er darf sich

Blick vom Darßer Leuchtturm

nun nach und nach wieder in einen natürlichen Mischwald zurückverwandeln – ganz wie er mag. So ist der Weg für Wanderer durchaus abwechslungsreich: Auf düstere Kiefernwaldabschnitte folgen lichte Buchenwäldchen und ab und an spiegeln sich knorrige Erlenstämme im Moorwasser.

Den Weg aus den Augen verlieren kann man dort kaum, denn vor allem in der Hauptsaison ist stetig ein Strom von Besuchern in beide Richtungen unterwegs.

Wenn rechts neben dem Waldweg ein asphaltiertes Wegstück auftaucht, ist das Ziel so gut wie erreicht. Noch wenige Schritte, dann streckt sich vor Ihnen der rotgeklinkerte alte **Leuchtturm** in einen hoffentlich strahlend blauen Himmel. Er ist 35 Meter hoch und auch heute noch in Betrieb, wird allerdings mittlerweile ferngesteuert. Erbaut wurde er 1848. Damit ist er über 150 Jahre alt und der älteste Leuchtturm Deutschlands, der noch treu und brav seine Arbeit verrichtet.

Der Leuchtturm-Veteran ist ein Teil vom **„Natureum Darßer Ort"**. Das ist eine Außenstelle des *Deutschen Meeresmuseums Stralsund* (s. Kapitel 26), die mit einer Ausstellung zeigt, wie vielfältig und einmalig die Landschaft und die Natur auf dem Darß ist.

Es lohnt sich also, die Ausstellung zu besuchen. Zumal mit dem Eintrittspreis auch der Weg auf den Leuchtturm frei wird. Also: erst einmal hinauf! Wer die 134 Stufen der schmalen Wendeltreppe bezwungen hat, wird mit einer atemberaubenden Rundumsicht belohnt. Spätestens jetzt wird klar, warum der Darßer Ort als eine der schönsten Stellen an der deutschen Küste gehandelt wird. Ganz im Norden kann man diese Idylle wachsen sehen, denn dort ist die Stelle, an der immer mehr Sand angespült wird. Der Blick nach Südwesten zeigt den wildromantischen Prerower Weststrand, an dem der Darßer Wald fast bis zum Wasser reicht.

Nicht nur Zweibeiner sind vom Darßer Ort fasziniert: Auch die beinfreien Kreuzottern mögen diesen Flecken Erde ganz besonders gerne. Recht häufig kann man die bis zu einem halben Meter langen heimischen Schlangen mit dem typischen Zickzackmuster auf dem Rücken in den Dünen in der Sonne liegen sehen. Da heißt es „Abstand halten" und die Füße vorsichtig setzen. Wer auf eine Schlange tritt, riskiert einen nicht ungefährlichen Biss.

Nach dem Abstieg ist Zeit, die Fische in den drei Ostsee-Aquarien im alten Stallgebäude zu besichtigen und die vielen Tierpräparate der Arten, die im Darß zu Hause sind: vom Seeadler über den Kormoran bis hin zu Wildschwein, Fuchs und Mauswiesel.

Weil der Proviant nun mit Sicherheit zur Neige geht, ist das Ausstellungs-Café ein schöner Platz, um sich so langsam für den

Rückweg zu stärken. Danach sollten Sie unbedingt noch einen Abstecher zum Strand machen. Und wer noch weiter wandern möchte, kann auf einem idyllischen Holzweg noch mal vier Kilometer über einen *Naturkundepfad* laufen, hin zu den Aussichtspunkten am Darßer Ort.

Wieder zurück in Prerow sollten Sie die Gelegenheit nutzen und sich in dem Seebad noch ein wenig umsehen. Zum Beispiel im **Darß-Museum**. Wenn Sie den „Bernsteinweg" in Richtung Ortsmitte gehen und am Ende links in die „Waldstraße" abbiegen, finden Sie es nach ein paar Metern auf der rechten Seite. Es wurde 1953 als Landschaftsmuseum für die Halbinsel Fischland-Darß-Zingst gegründet und zeigt neben der Flora und Fauna des Nationalparks auch einiges über seemännische Traditionen und erdgeschichtliche Entwicklungen. Für den nächsten Familien-Spieleabend interessant: Im Museum gibt's auch ein Würfelpuzzlespiel mit Darßer Motiven.

Wenn Sie die „Waldstraße" weiter gehen, kommen sie bei den **Kulturkaten Kiek In** vorbei. Dieses „Guck mal herein" sollten Sie durchaus wörtlich nehmen, denn dort finden viele Veranstaltungen statt – darunter auch spezielle für Kinder.

Tipp: Sehen Sie sich unterwegs die Prerower Häuser genauer an, im Ort finden Sie noch viele der berühmten Darßer Haustüren. Sie sind echte Schmuckstücke, denn früher wurden sie von Seeleuten geschnitzt und kunstvoll verziert.

Noch ein Stück weiter die „Waldstraße" entlang und Sie stehen mitten im Herzen von **Prerow**. Links die Straße „Im Schüning" bringt Sie am Prerow-Strom vorbei direkt zur 390 Meter langen Seebrücke an den Nordstrand.

Wie kommt man nach Prerow?

ÖPNV:	Vom Bhf Riebnitz-Damgarten/West bzw. Barth mit der Buslinie 210 auf den Darß.
PKW:	A 20 bis Kreuz Rostock, dann A 19, Ausfahrt Rostock-Ost, dann auf die B 105 Richtung Stralsund bis zum Abzweig „Fischland/Darß" in Altheide und weiter nach Prerow.

Deutsches Meeresmuseum, Außenstelle NATUREUM Darßer Ort
Darßer Ort 1 – 3, 18375 Born am Darß

Geöffnet:	Mai bis Oktober	10.00 – 18.00 Uhr
	November bis April mittwochs bis sonntags	11.00 – 16.00 Uhr

Infos:	Telefon 03 82 33/3 04, Fax /7 04 48, info@meeresmuseum.de, www.meeresmuseum.de;

Kur- und Tourismusbetrieb Ostseebad Prerow
Gemeindeplatz 1, 18375 Ostseebad Prerow

Infos:	Telefon 03 82 33/6 10-0, Fax -20, www.ostseebad-prerow.de;
Tipp:	Während des ganzen Jahres werden Ortsführungen und Wanderungen durch den Nationalpark angeboten. Es gibt auch spezielle Angebote für Kinder.

Darß-Museum Prerow
Waldstraße 48, 18375 Prerow

Geöffnet:	Mai bis Oktober	10.00 – 17.00 Uhr
	November bis April mittwochs bis sonntags	13.00 – 16.00 Uhr
Infos:	Telefon 03 82 33/6 97 50, darss-museum@ostseebad-prerow.de, www.ostseebad-prerow.de;	

Kulturkaten Kiek In
Waldstraße 42, 18375 Prerow

Infos:	Telefon 03 82 33/61 00, kultur@ostseebad-prerow.de, www.ostseebad-prerow.de;

Kartentipp:

1 : 30 000	Fischland, Darß, Zingst (Verlag grünes herz)

Per Rad von Barth nach Zingst – per Schiff zurück

Fischland-Darß-Zingst ist ein Paradies für große und kleine Fahrradfahrer. Fernab von den Straßen existiert ein gut ausgebautes Netz an meist ebenen Fahrradwegen, auf denen auch kleine Radanfänger prima in die Pedale treten können. Sie führen durch die schönsten Teile der Landschaft und gewähren Einblicke, die vom Auto aus niemals möglich wären. Wer in der Nähe seines Urlaubsortes bereits alles abgeradelt hat, kann auch ganz einfach zu weiter entfernten Zielen aufbrechen, denn die Busse der Linie 210 haben Fahrradanhänger dabei und auf allen Fahrgastschiffen können die Drahtesel mitgenommen werden. So wird es leicht, von allen Häfen rund um die Boddenlandschaft zu neuen Ufern aufzubrechen. Die entsprechenden Radwegeführer und Informationen gibt's bei den Tourismuszentralen der Urlaubsorte.

Unsere Fahrradtour beginnt in **Barth**, einer kleinen Stadt mit rund 10 000 Einwohnern. Sie liegt auf dem Festland an der südlichen Boddenküste, quasi direkt gegenüber von Zingst. Barth kann mit dem perfekten Charme des Ostseebades noch nicht mithalten, doch auch wenn längst nicht alles hochglanzgerecht herausgeputzt ist, hat die kleine Stadt am Bodden durchaus ihre Schokoladenseiten. Zum Beispiel den Hafen. Auf dem Weg dorthin sieht man aber auch immer wieder „Gruselhäuser". So haben meine Kinder alte, verfallene Villen getauft. Dafür kann man an der südlichen Boddenküste aber auch günstigere Urlaubsquartiere finden und der Weg nach Stralsund – und damit zum Tor zur Insel Rügen – ist nicht weit. So ist Barth also ein guter Standort, um von dort aus einen großen Teil der Höhepunkte an der Küste Mecklenburg-Vorpommern zu erkunden.

Start und Ziel dieser Tour ist der **Barther Hafen**. Dort finden Sie die Tourist-Information und dort können Sie sich auch Fahrräder leihen, falls Sie keine eigenen mitgenommen haben. Bevor es los geht, sollten Sie im Eiscafé „Atlantis" direkt am Hafen eine Kugel Sanddorneis probieren, eine Spezialität der Region, denn Sanddorn gibt's in Mecklenburg-Vorpommern wie den berühmten Sand am Meer. Schmeckt als Eis lange nicht so süß wie andere Sorten, dafür aber fruchtig-aromatisch. Wenn es vorher noch eine Tasse Cappuccino sein soll: Biegen Sie am westlichen Ende des Hafens auf das Gelände des Yachtclubs, dort gibt es ein öffentliches Café mit dem klangvollen Namen „Vineta-Blick".

Der allerdings trügt, denn Sie können Ihre Augen so sehr anstrengen wie Sie wollen, von Vineta werden Sie kein Zipfelchen entdecken: Schließlich ist diese reiche Stadt schon vor Hunderten von Jahren im Meer versunken. Nur wo – das weiß niemand so genau. Seit Ende der 1990er Jahre gibt es aber neue Hinweise, dass diese sagenhafte Stadt vor Barth gelegen haben könnte – und jetzt im tiefen Schlamm des Barther Boddens ruht. Seitdem darf Barth sich offiziell „Vineta-Stadt“ nennen.

Hier die **Legende von Vineta**, dem Atlantis der Ostsee, die Sie Ihren Kindern an dieser Stelle im Barther Hafen erzählen können – falls die sie nicht schon kennen, denn in der berühmten Zeichentrick-Serie von Nils Holgerson, die wieder und wieder im KiKa ausgestrahlt wird, gibt's eine Episode, die sich genau damit beschäftigt. Also: An einem Ostermorgen hütet ein Schäferjunge seine Herde nahe dem Strand. Da taucht aus dem Meer vor ihm plötzlich eine wunderschö-

Mit den Rädern geht's an Bord

ne, alte Stadt auf. Direkt vor seiner Nase öffnet sich das reich verzierte Tor. Neugierig geht er hinein. Die Straßen der Stadt sind unglaublich prächtig und die Bewohner in feinste, allerdings sehr altmodische Kleidung gehüllt. Das Merkwürdigste aber ist: Kein Laut ist zu hören. Stumm bewegen sich die Menschen durch die Straßen, stumm drängen sie sich um die Tische der Händler auf dem Markt. Als die den Jungen entdecken, breiten sie die schönsten Waren vor ihm aus und halten ein klitzekleines Geldstück in die Höhe. Aber, sosehr sie ihn auch bedrängen und sosehr er es auch möchte: Der Schäferjunge hat keinen einzigen Cent in seiner Tasche und kann ihnen nichts abkaufen. Traurig und verwirrt verlässt er die Stadt. Als er sich am Strand nochmal umdreht, ist sie bereits wieder im Meer versunken. Ein alter Fischer, dem er die Geschichte erzählt, klärt ihn auf, dass er soeben in der sagenumwobenen, verwunschenen Stadt Vineta war, die nur alle 100 Jahre aus dem Meer auftaucht und Erlösung sucht. Erst wenn ein Sonntagskind in der Stadt irgendetwas kauft, und sei es auch nur für einen einzigen Cent, ist der Bann gebrochen und Vineta wieder da. Untergegangen ist sie übrigens, weil ihre Bewohner so eitel und raffgierig waren. Jedes Jahr am Johannistag, am 24. Juni, kann man, wenn man ganz genau hinhört, zur Mittagszeit ihre Glocken aus der Tiefe heraufklingen hören. Vielleicht im Barther Hafen, vielleicht aber auch vor der Insel Usedom. Wer weiß das schon so genau.

So eingestimmt, nehmen Sie mit den Rädern den Weg „Am Westhafen“ vom Hafen weg, überqueren die „Hafenstraße“ und fahren geradeaus in die „Fischerstraße“ weiter. Am Ende geht es rechts herum zum **Markt**. Dort finden Sie den *Brunnen* mit den Fischen, ein bekanntes Barther Fotomotiv, und dahinter reckt die *St. Marienkirche* ihren 87 Meter hohen Turm in den Himmel. Wer mag, sieht sich die Kirche von innen an und steigt für einen schönen Barth-Blick auf den Turm. Anschließend geht es über die Geschäftstraße „Lange Straße“ weiter. Zur Orientierung: Rechts befindet sich eine Sparkasse mit Geldautomat. Ein kleines Stück weiter liegt ebenfalls rechter Hand das **Vineta-Museum**. Der Name täuscht allerdings ein wenig. Im Museum steht nicht die versunkene Stadt im Mittelpunkt, sondern die Barther Geschichte. Familienmitglieder, die besonders viele Haare im Gesicht haben, dürfen darin übrigens zum Nulltarif abtauchen: Für Bart(h)-Träger ist der Eintritt frei! Und für Familien, die „Bart(h)“ heißen, ebenso. In der obersten Etage ist ein kleiner Raum der sagenumwobenen Stadt gewidmet.

Am Ende teilt sich die „Lange Straße“. Sie fahren rechts herum die „Chausseestraße“ weiter, die Sie herausbringt aus dem kleinen Ort. Folgen Sie der Ausschilderung nach Prerow/Zingst. Dafür müssen Sie dann noch einmal rechts abbiegen. Bis *Barth-Tannenheim* ist die Strecke wenig spektakulär. Da verläuft der kombinierte Rad-/Fußweg

Der Barther Fischbrunnen

nur stumpf parallel zur Hauptstraße. Aber dann: In Tannenheim taucht der Radweg in der Kurve hinter der Straße ab. Dort haben Sie von Barth genau 3,7 Kilometer zurückgelegt. Bis Zingst sind es nun noch laut Hinweisschild 8,7 Kilometer. Die sind ab da wunderschön und flott zu fahren. Erst geht's durch ein schattiges Wäldchen an Brombeerbüschen vorbei, dann durch Wiesen, die bis zum Horizont reichen. Von der Straße ist ab da meistens nichts zu sehen. Das ist übrigens auch eine schöne Strecke für Inline-Fahrer.

In **Bresewitz** ist Zeit für eine kleine Pause. Rechter Hand sehen Sie auf den stillgelegten Gleisen des kleinen Bahnhofs ein paar Eisenbahnwagons. Sie gehören zur Ausstellung „Kunst auf Schienen“, die Sie jetzt besuchen können. Bresewitz ist ein Kranich-Dorf, denn im Frühling und im Herbst machen die Boten des Glücks auch hier Station. Vor allem die Inseln *Kirr* und *Oie* sind Kranich-Paradiese. Von Bresewitz aus gibt es einen schönen Beobachtungspunkt. Nachts schlafen die riesigen Vögel in den flachen Gewässern des Boddens, morgens und abends ziehen sie in langen Ketten laut trompetend über den Ort zur Futtersuche auf die Felder. Kleiner Tipp: Zu Vogelbeobachtungen mit dem NABU (Naturschutzbund) gibt es Informationen in den Wagons von „Kunst auf Schienen“.

Von Bresewitz geht es über die 1908 erbaute, 470 Meter lange Meiningenbrücke weiter Richtung Zingst. Von hier sind es noch rund vier Kilometer. Wenn Sie im **Ostseebad Zingst** angekommen sind, haben Sie die Qual der Wahl: Entweder radeln Sie gleich zum Hafen, wo das Fährschiff zurück nach Barth im Stundentakt ablegt, oder Sie sehen sich in Zingst noch etwas um. Lohnende Ziele sind der Ostseestrand, die Zingster Kinderwelt und das Heimatmuseum „Haus Morgensonne“. Das liegt praktisch direkt auf dem Weg vom Strand zum Hafen. Mit der „MS Vorpommern“ oder der „MS Likedeeler“ tuckern Sie dann in rund 45 Minuten gemütlich über den Zingster Strom, vorbei an den Vogelschutzinseln Kirr und Oie quer über den Barther Bodden und damit vielleicht auch über den Kirchturm von Vineta hinweg zurück nach Barth.

Wie kommt man nach Barth?

ÖPNV:	Ab Stralsund mit der Regionalbahn.
PKW:	A 20, Ausfahrt Bad Sülze.

Barth Information
Lange Straße 13, 18356 Barth

Infos:	Telefon/Fax 03 82 31/24 64, info@stadt-barth.de, www.stadt-barth.de;

Infostelle „Steuerhaus“
Hafenstraße 10a, 18356 Barth

Infos:	Telefon 03 82 31/6 69 64

i

Vineta-Museum der Stadt Barth
Lange Straße 16, 18356 Barth

Geöffnet:	dienstags bis samstags	10.00 – 12.00 Uhr
	und	13.00 – 17.00 Uhr
	sonntags	14.00 – 17.00 Uhr

Infos: Telefon 03 82 31/8 17 71, Fax /7 79 46, www.vineta-museum.de;

Fahrradverleih am Hafen

Infos: über das Eis-Café „Atlantis“: Telefon 03 82 31/6 62 66

Poschke Fahrgastschifffahrt GmbH
Pumpeneck 5, 18375 Born

Fahrten: April bis Oktober; im Herbst zusätzlich Abendfahrten zu den Kranichen.

Infos: Telefon 03 82 34/2 39, an Bord: Telefon 01 71/4 10 04 26, info@reederei-poschke.de, www.reederei-poschke.de;

„Kunst auf Schienen“
Bahnhofstraße 11, 18356 Bresewitz

Infos: Telefon 03 82 31/8 06 29

Den Adressen-Teil über *Zingst* finden Sie im Kapitel 20 bei den Strandbädern zwischen Rostock und Stralsund.

Tipp:
Im Juli und August spielt die *Vorpommersche Landesbühne Anklam* auf der Theaterbühne im Barther Hafen maritime Stücke mit viel Gesang, Tanz und Seemannsgarn (www.kulturwelt-mv.de).

Kartentipp:
1 : 30 000 Fischland, Darß, Zingst (Verlag grünes herz)

Barhöft: Hier wird der Bodden endgültig zur Idylle

Es gibt Plätze, die würde man niemals sehen – einfach, weil man nichts von ihnen weiß. Allerhöchstens ein klitzekleiner Hinweis im Reiseführer, aber keine Hochglanzprospekte, keine riesigen Hinweisschilder unterwegs. So wurde **Barhöft** mit seinem kleinen Hafen am nördlichsten Festlandzipfel von Mecklenburg-Vorpommern für uns zu einer echten Entdeckung. Klar: Wer auf Rügen die Wanderschuhe schnürt und in den Jasmund Nationalpark eintaucht (s. Kapitel 31), weiß, dass ihn grandiose Naturerlebnisse erwarten. Auch, dass es am Darßer Leuchtturm (s. Kapitel 23) besonders schöne Ausblicke gibt, ist kein Geheimnis. Barhöft aber ist eine Überraschung und damit fast schon ein Geheimtipp, denn aufmerksam wurden wir darauf nur, weil auf der Karte vom Nationalpark rundherum drei Ferngläser abgebildet sind. Da musste es also etwas zu sehen geben.

Der Weg dorthin führt mit dem Auto über viele kleine Orte, die ganz typisch sind für Deutschlands Osten. Am einfachsten geht's über Stralsund (s. Info-Teil).

Unsere Tour beginnt aber nicht direkt in Barhöft, sondern gut zwei Kilometer westlich davon auf dem **Parkplatz „Zarrenzin"**. Kurz hinter Klausdorf geht am Ende von Soikendorf die Straße rechts weiter nach Barhöft. Sie fahren aber geradeaus den kleinen Weg zum Beobachtungspunkt am Parkplatz „Zarrenzin". Dort stellen Sie Ihr Auto ab – und gucken bereits direkt über die Barther Zufahrt auf die vorgelagerten Vogelschutzinseln **Kleiner Werder** (links) und **Bock** (rechts). Mit Blick aufs Wasser finden Sie linker Hand den ersten Beobachtungspunkt, wenn Sie dem *Hinweisschild „Ut Kiek"* – Ausguck – in den Schilfgürtel folgen. Ein wunderschöner Platz mit einem herrlichen Blick hinein in die Boddenlandschaft. Wenn Sie sich daran satt gesehen haben, geht's zurück und quer über den Parkplatz in den kleinen Wanderweg nach Osten Richtung Barhöft. Das Schild mit dem Hinweis *„Aussichtspunkt zum Boddenblick 1,8 Kilometer"* weist Ihnen den Weg.

Weil der nur kurz vor Barhöft liegt, ist es von hier also eine ganz gemütliche kleine Wanderung und kein Gewaltmarsch. Sie führt uns zunächst über einen lichten, schmalen Schotterweg. Links glitzert der Bodden in der Sommersonne, über unseren Köpfen fliegen Schwäne hinweg. Wenn rechts die Bäume höher werden und der Schotterweg endet, ist die Hälfte der Strecke bereits geschafft. Dort geht es hinein in den Wald und der Bodden duckt sich ebenfalls zwischen den Bäumen und blitzt nur noch ab und zu daraus hervor. Das ist auch völlig in Ordnung so, denn das Wiedersehen wird spektakulär! Versprochen.

Ein kleines Stück geht's durch einen dunklen Buchenwald, danach wird es wieder heller. Vom Wasser ist aber noch nichts zu sehen. Schließlich zweigt links ein kleiner Pfad ab. Er führt hinein in den Schilfgürtel. Nur ein paar Schritte und Sie erreichen ein echtes Paradies. Jetzt müssen Sie nur noch acht Stufen den Holzausguck hochsteigen und schon thronen Sie über dem Schilf inmitten der Boddenlandschaft, die sich hier von ihrer idyllischsten Seite zeigt. Gegenüber, fast zum Greifen nah, sehen Sie den rotgestreiften *Leuchtturm* der Insel Bock. Auch mitten im Sommer waren wir hier ganz alleine mit den Wasservögeln. Wie unbeschreiblich wundervoll muss es erst sein, wenn hier im Frühling und im Herbst bei Sonnenauf- und Sonnenuntergang die Kraniche vorbei ziehen!

Wenn Sie dieser Idylle irgendwann wieder den Rücken kehren, sehen Sie bereits das nächste Ziel dieser Tour: den Barhöfter Aussichtsturm, der seinen Namen völlig zurecht trägt, denn die Aussicht von dort ist wahrhaft berauschend. Der Weg dorthin führt direkt vorbei am *Informationszentrum Barhöft*, in dem eine Ausstellung über die Boddenlandschaft gezeigt wird. Der Eintritt ist kostenlos. Wenn Sie anschließend das kleine Haus linker Hand liegen lassen und die Stufen weiter nach oben steigen, erreichen Sie den **Aussichtsturm**. Er wurde 1986 gebaut und gehörte als Wach- und Funkmessturm zum militärischen Bereich der damaligen NVA-Raketeneinheit. Heute dürfen Besucher die 102 Stufen hochsteigen und für einen Euro die Aussicht genießen. 16,90 Meter geht es dabei Schritt für Schritt nach oben, über die Wipfel der Kiefern hinaus. Weil Treppenaufgang und Plattform aus luftigen und damit von oben bis unten durchguckbaren Stahlgittern gebaut sind, ist das für Menschen, die nicht wirklich schwindelfrei sind, eine echte Herausforderung. Vor allem, wenn man zwei Kinder dabei hat, die sich einen Spaß daraus machen. „Mama", wollten meine beispielsweise grinsend wissen, „Guck mal: Wohin würdest du jetzt springen, wenn du müsstest?" Lustig. Aber es lohnt sich, sich davon nicht abhalten zu lassen, denn der Blick von oben entschädigt für alles, wenn man sich erst mal ein wenig entspannt hat. Bei klarer Sicht kann man im Westen das Ende vom Fischland-Darß-Zingst sehen und im Norden schon mit bloßem Auge den Leuchtturm von Hiddensee erspähen. Ganz deutlich wird er, wenn man 50 Cent in das Aussichtsfernrohr steckt. Rechts sieht man den Hafen von Barhöft, weiter Richtung Süden die Türme von Stralsund und dort gegenüber die Insel Rügen. Spektakulär!

Nachdem die Kinder nochmal die Stufen nachgezählt haben und zu völlig unterschiedlichen Ergebnissen gekommen sind, geht es weiter nach Barhöft. Kurz bevor der kleine Hafen erreicht ist, liegt

Im Kranich-Informationszentrum

rechts ein Spiel- und Grillplatz. Barhöft hat zwei, drei nette Cafés, von denen man direkt aufs Wasser guckt. Rechts neben dem Hafen ist ein kleiner Strand. Gut, wenn Sie jetzt Badesachen dabei haben. Dann können die Kinder noch einmal kurz ins flache Wasser springen, bevor Sie sich gemeinsam auf den Rückweg zum Parkplatz machen.

Wer jetzt noch nicht genug von schönen Aus- und Einblicken in den Nationalpark Vorpommersche Boddenlandschaft hat, fährt nach Klausdorf zurück und von dort nach **Groß Mohrdorf**. Die Strecke ist ausgeschildert. In Groß Mohrdorf befindet sich das **Kranich-Informationszentrum**. Weil sich die Vögel des Glücks ja nur im Frühling und im Herbst in der Rügen-Bock-Kirr-Region sammeln, können Sie sich im Informationszentrum im Sommer zumindest ein paar „ausgestopfte" Exemplare ansehen. Und einen 20-minütigen Informationsfilm über das Leben dieser faszinierenden Vögel. Wenn die Tür während der Öffnungszeiten (s. Info-Teil) abgeschlossen ist: einfach klingeln! Wir waren dort ebenfalls ganz alleine, hatten viel Zeit für alle möglichen Fragen und den Kranichfilm. Im Informationszentrum bekommen Sie auch eine Broschüre vom „Kranichschutz Deutschland" mit den Veranstaltungen rund ums Jahr.

Lohnend ist von hier auch ein Abstecher ins etwa drei Kilometer entfernte *Kinnbackenhagen.* Von dort hat man noch einmal einen schönen Blick rüber auf den äußersten Zipfel von Zingst und die Sundischen Wiesen.

Wie kommt man nach Barhöft/Zarrenzin?

PKW: Von Stralsund nach Norden Richtung Groß Kedingshagen und Prohn. Hinter Prohn geht es rechts ab nach Klausdorf. In Soikendorf nicht nach Barhöft abbiegen, sondern geradeaus weiter zum Beobachtungspunkt am Parkplatz „Zarrenzin".

Freizeitinformation Klausdorf
Inspektorengang 3, 18445 Klausdorf

Infos: Telefon/Fax 03 83 23/8 14 42, www.klausdorf-vorpommern.de;

Kranich-Informationszentrum
Lindenstraße 27, 18445 Groß Mohrdorf

Geöffnet:	Februar	
	montags bis freitags	10.00 – 16.00 Uhr
	März bis Mai	
	montags bis sonntags	10.00 – 16.00 Uhr
	Juni bis Juli	
	montags bis samstags	10.00 – 16.30 Uhr
	August und November	
	montags bis sonntags	10.00 – 16.30 Uhr
	September und Oktober	
	montags bis sonntags	9.30 – 17.30 Uhr

Infos: Telefon 03 83 23/8 05-40, Fax -41, gruidae@aol.com, www.kraniche.de;

Barhöfter Aussichtsturm

Geöffnet:	täglich	12.00 – 18.00 Uhr

Tipps:
Die Region ist auch ideal für Fahrradferien. Viele Wege führen direkt am Bodden entlang und viele Busse haben einen Fahrradanhänger. Wenn Sie bei der Aussicht auf die vielen Boote Lust auf eine Schiffstour bekommen: Fahren Sie auf die *Insel Hiddensee* (s. Kapitel 33). Zu einer Tagestour können Sie um 9.15 Uhr vom Stralsunder Hafen aus aufbrechen. Die besseren Fährverbindungen gibt es aber von *Schaprode* auf Rügen.

Kartentipp:
1 : 75 000 Ostseeküste Fischland-Darß-Zingst, Recknitztal (Verlag grünes herz)

Ins Meeresmuseum der alten Hansestadt Stralsund

Wissen Sie, wann die Stadt **Stralsund** gegründet wurde? Nicht? Macht nichts, das wird sich sofort ändern. Sie müssen nur bis vier zählen, schon haben Sie das Gründungsjahr: 1, 2, 3, 4, – 1234. Damit können sogar kleine Naseweise erwachsene Besserwisser sprachlos vor Verblüffung machen. Doch die Stadt am Strelasund hat natürlich noch viel mehr zu bieten. Ihre Altstadt ist eine Insel, ganz vom Wasser umschlossen und eine Sehenswürdigkeit für sich. Einzelne Bauwerke kann man zwar, muss man aber gar nicht besonders herausheben. Schließlich gibt es 800 denkmalgeschützte Häuser in Stralsund und die Altstadt gilt als eine der schönsten in Norddeutschland. Gemeinsam mit Wismar (s. Kapitel 8) wurde sie deshalb 2002 als „Weltkulturerbe" in die Liste der UNESCO aufgenommen. Im Stadtbild dominiert Rot, die Farbe der Backsteingotik und des Mittelalters.

Wer mit dem Auto kommt und in Stralsund auf Entdeckungsreise durch die Zeit gehen möchte, fährt am besten aus Richtung Bahnhof kommend über den Tribseer Damm auf die Altstadtinsel und parkt seinen fahrbaren Untersatz auf dem nächstbesten Parkplatz. Geradeaus läuft man dann vom Tribseer Damm direkt auf den „Neuen Markt" zu. Wer mit dem Zug kommt, nimmt denselben Weg und steht in etwa zehn Minuten auf dem Marktplatz. An dessen rechter Seite thront die **St. Marienkirche**. Von dort aus können Sie sich zunächst einen schönen Überblick über die Altstadt verschaffen. 345 Stufen führen hinauf in den 104 Meter hohen barocken Turm der Kirche.

Wenn Sie wieder festen Boden unter den Füßen haben, überqueren Sie den Marktplatz, biegen in die „Mönchstraße" ein und dann rechts in die Straße „Katharinenberg". Dort, in der alten Kirche des Katharinenklosters, befindet sich heute das Meeresmuseum Stralsund, und damit das Hauptziel unserer Tour.

Mit einem Besuch im **Meeresmuseum** können Sie kleinen Forschern eine Riesenfreude machen – zum Beispiel an Regentagen. Dafür sollten Sie sich am Eingang mit Kopfhörern und einer Audio-Führung ausstatten. Das macht schon etwas größeren Kindern sehr viel Spaß. Nostalgiefans können sich für einen Euro auch den Museumsführer für Kinder, „Ins Meer geschaut", kaufen. Er ist selbst beinahe ein Museumsstück, wie ein Blick auf die Rückseite verrät. Da steht nämlich: „Meeresmuseum Stralsund, Museum für Meereskunde und Fischerei der DDR". Viele spannende Neuzugänge hat das Museum seit Zeiten der DDR vorzuweisen! Seit Anfang 2005 ist hier zum Beispiel ein präparierter Riesenkalmar zu sehen, und zwar zum ersten

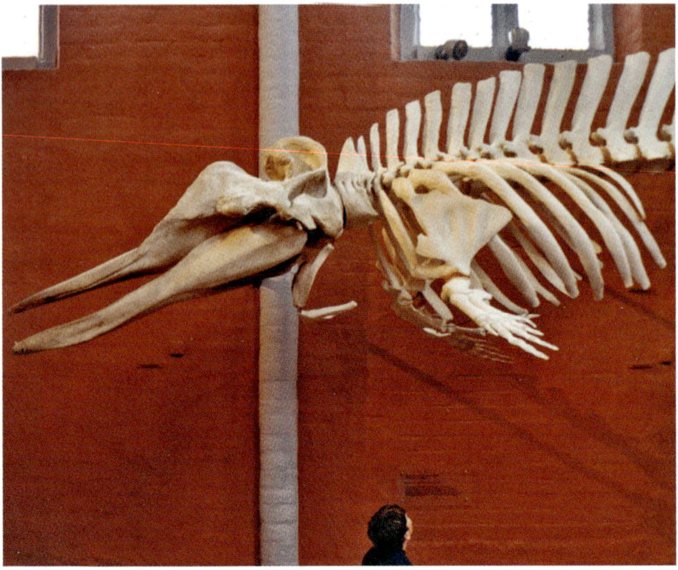

Ganz schön groß, so ein Finnwal!

und bisher einzigen Mal in Deutschland. Weltweit gibt es nur 20 Museen, die solch einen Koloss der Tiefsee zeigen. „Architeuthis" heißen diese Riesenkraken, die bis vor Kurzem noch nie ein Mensch lebend in ihrer natürlichen Heimat in den dunklen Weiten der Tiefsee gesehen hat. Das Stralsunder Exemplar stammt aus Neuseeland und ist mit seinen sechs Meter langen Fangarmen eher noch ein Zwerg von einem Riesenkalmar. Der kann nämlich bis zu 20 Meter lang werden. Bis Sie ihn in seinem Schaukasten entdecken, müssen Sie sich aber bis zum Ende Ihres Rundgangs gedulden.

Wirklich nicht übersehen lässt sich das 15 Meter lange Skelett eines Finnwals, das am Ende des ersten Ausstellungsraumes unter dem Kreuzgewölbe des ehemaligen Chorraumes der Klosterkirche von der Decke hängt. Dort hat es einen wundervollen Platz, weil man es ganz genau unter die Lupe nehmen kann: einmal – Kopf in den Nacken – von unten und noch einmal aus einer anderen Perspektive von der Treppe ins erste Obergeschoss aus. Für einen Finnwal ist das Skelett ebenfalls noch eher klein, weil es ein junger Wal war, der 1825 an Rügens Westküste strandete. Ein Finnwal vor Rügen? Ja, das ist möglich – wie eine Schautafel im Museum zeigt. Sogar Buckelwale, Schwertwale und Delfine wurden schon an der Küste Mecklenburg-Vorpommerns gesichtet. Allerdings selten, denn zu Hause sind sie hier natürlich nicht, sondern nur so genannte „Irrgäste". Anders dagegen die Schweinswale. Sie leben tatsächlich in der Ostsee. Weil sie viel

Ähnlichkeit mit Delfinen haben, werden sie entsprechend häufig mit ihnen verwechselt.

Wenn Sie sich im ersten Obergeschoss ganz genau über verschiedene Methoden des Fischens informiert haben, finden Sie im zweiten Obergeschoss, gleich direkt gegenüber der Treppe, einen anderen sehr ungewöhnlichen „Irrgast" ausgestellt: eine 2,15 Meter lange und 450 Kilogramm schwere Lederschildkröte. Sie wurde am 20. Oktober 1965 in einer Reuse fünf Kilometer nördlich von Stralsund gefangen. Wie sie dorthin gekommen ist, kann sich allerdings kein Mensch erklären, denn zu Hause sind diese Riesen-Meeresschildkröten in der Karibik. Sie ist eine der Attraktionen des Museums. In dem Ausstellungsraum hinter ihr finden Sie aber noch eine Vielzahl von anderen beeindruckenden Tierpräparaten. Zum Beispiel den verblüffend lebendig aussehenden Eisbären, das Riesen-Walross und die drei Meter große Krake. Wenn sich Ihre Kinder an allen Scheiben, hinter denen Tiere aus aller Welt zu sehen sind, die in oder am Meer leb(t)en, die Nase platt gedrückt haben, ist es Zeit, hinter der Krake in die Abteilung „Heimische Meeres- und Küstenbewohner" abzubiegen.

Nicht nur für kleine Ornithologen interessant und etwas gruselig: Kurz hinter dem Eingang kann man sehen, wie ein Vogel nackt – also ohne Federn – aussieht.

Ein Stückchen weiter ist mein Sohn dann schließlich auch vollends zufrieden, denn – endlich, endlich – sieht er im Schlangenkasten eine Kreuzotter! Die hätte er bei unserem Fußmarsch zum Darßer Leuchtturm (s. Kapitel 23) so gerne in natura gesehen. Außer ihm war darüber allerdings keiner enttäuscht. Dem Rest der Familie ist der Anblick dieser heimischen Schlange friedlich „ausgestopft" hinter Glas allemal lieber.

Doch genug der toten Tiere: Vorbei am Museumsshop geht es anschließend treppab zu den Schauaquarien im ehemaligen Klosterkeller. Dort kann man die unterschiedlichsten Wasserbewohner quietschvergnügt die Flossen schwingen sehen. Attraktion ist hier das 350 000-Liter-Aquarium mit riesigen Meeresschildkröten – ebenfalls einmalig in Deutschland. Dort schwimmt zum Beispiel eine 20 Jahre alte, 61 Kilogramm schwere Suppenschildkröte herum. Und mein Sohn schwört Stein auf Bein: „Die hat mich direkt angeguckt!" Zur Erinnerung: Vergessen Sie am Ausgang den Architeuthis nicht.

Nach dem Museumsbesuch biegen Sie am besten wieder in die „Mönchstraße" ein. Sie bringt Sie direkt zum „Alten Markt" mit dem imposanten Rathaus aus dem 14. Jahrhundert, der ältesten Stralsunder Pfarrkirche *St. Nikolai* mit ihren eindrucksvollen Doppeltürmen – und der Tourist-Information, in der Sie sich mit einem Stadtplan von Stralsund versorgen können und in der Sie viele weitere Tipps, Informationen und Anregungen für Ihren Besuch bekommen.

Was auch immer Sie anschließend unternehmen möchten: Werfen Sie auf jeden Fall mindestens einen Blick in die St.-Nikolai-Kirche. Dort finden Sie nämlich die berühmten Relieftafeln vom Gestühl der Nowgorodfahrer. Ein Stralsunder Meister hat sie im 14. Jahrhundert mit russischen Motiven geschmückt. Lassen Sie Ihre Kinder zum Beispiel den kleinen Bären suchen, der mit knurrendem Magen sehnsüchtig auf Honig wartet.

i

Wie kommt man nach Stralsund?

ÖPNV:	Direktverbindung zu allen größeren Bahnhöfen.
PKW:	A 19, Ausfahrt Rostock-Ost, dann auf der B 105 über Ribnitz-Damgarten.

Tourismuszentrale der Hansestadt Stralsund
Alter Markt 9, 18439 Stralsund

Infos:	Telefon 0 38 31/24 69-0, Fax -22, info@stralsundtourismus.de, www.stralsundtourismus.de;

Deutsches Meeresmuseum Stralsund
Katharinenberg 14 – 20, 18439 Stralsund

Geöffnet:	Juni bis September	10.00 – 18.00 Uhr
	Oktober bis Mai	10.00 – 17.00 Uhr
Infos:	Telefon 0 38 31/2 65 02-10, Fax -09, info@meeresmuseum.de, www.meeresmuseum.de;	

Tipps:
Lohnend ist eine *Hafenrundfahrt*, denn vom Wasser aus zeigt Stralsund seine Schokoladenseite. Den allerschönsten Blick auf die Silhouette der prächtigen Hansestadt hat man aber von *Altefähr* aus. Der kleine Ort liegt auf der Insel Rügen, genau gegenüber von Stralsund. Zwischen beiden Häfen gibt es eine Fährverbindung.

Kartentipp:
1 : 75 000 Rügen & Hiddensee (Verlag grünes herz)

Eingerahmt von Wasser und Wald

Binz ist Rügens größter Badeort. Er liegt geschützt an der schönen Bucht *Prorer Wiek* und versprüht den meisten historischen Seebädercharme der Insel, denn hier reihen sich die Glanzstücke der Bäderarchitektur des vergangenen Jahrhunderts aneinander wie die berühmten Perlen an der Schnur. Auf der 3,2 Kilometer langen Promenade lässt es sich herrlich an den weißen Prachtbauten vorbei flanieren. Faszinierender für kleine Gäste dürfte aber der Abenteuerspielplatz „Am Klünderberg“ sein und während der Saison die organisierten Spiele am Strand. Von der 370 Meter langen **Seebrücke** – die längste der Insel – starten Ausflugsdampfer zu einer Fahrt rund um Rügen, zu den Kreidefelsen oder zum Kap Arkona. Am Binzer Bahnhof hält schnaufend der **„Rasende Roland“**. Weil Binz so ziemlich in der Mitte der Strecke zwischen Putbus und Göhren liegt, kann man von hier in beide Fahrtrichtungen „abdampfen“.

Abends am Strand

Wie kommt man nach Binz?

ÖPNV:	Gute IC-Verbindungen zum Bhf Binz oder von Putbus mit dem „Rasenden Roland".
PKW:	A 19, Kreuz Rostock, dann A 20, Ausfahrt Tribsee, Richtung Stralsund und Insel Rügen, auf der B 96 über den Rügendamm und über Bergen, dann B 196 und L 29 nach Binz.

Touristinformation Ostseebad Binz
Heinrich-Heine-Straße 7, 18609 Ostseebad Binz

Infos:	Telefon 03 83 93/14 81-48, Fax -45, www.ostseebad-binz.de;

Rasender Roland
Rügensche Kleinbahn GmbH & Co., Binzer Straße 12, 18581 Putbus

Infos:	Telefon 03 83 01/8 01-12, Fax -15, info@rasender-roland.de, www.rasender-roland.de;

Tipp:
Von Binz ist es nicht weit zu den *Feuersteinfeldern* der schmalen Heide. Der Weg zu diesem einmaligen Meer aus kleinen Steinen mitten an Land führt über *Prora* bis ans Ende der Landbrücke zwischen Ostsee und kleinem Jasmunder Bodden. Das ist auch mit dem Fahrrad eine schöne Tour und unterwegs können Sie sich die Museen in Prora angucken.

Kartentipp:

1 : 30 000	Mönchgut, Granitz (Verlag grünes herz)

Die schönste Seebrücke der Ostseeküste

Im hügeligen Land der Granitz, zwischen Steilküste und Selliner See, liegt das frühere Fischerdorf **Sellin**. Heute ist es längst ein beliebtes, familienfreundliches Ostseebad, das vor allem durch seine herrliche **Seebrücke** besticht – neben der Ahlbecker Brücke auf Usedom sicher die schönste an der ganzen Ostseeküste. Alt ist sie nicht, aber 1998 für rund zehn Millionen Euro nach historischem Vorbild erbaut. Wer der „Wilhelmstraße", Sellins Flaniermeile, bis zur Steilküste folgt, hat einen herrlichen Blick auf das filigrane Bauwerk. Von hier aus geht es 87 Meter die „Himmelsleiter" hinunter zum türmchengeschmückten Brückenhaus und zum Strand. Falls es dort einmal schüttet und stürmt, lockt das *Erlebnisbad „Nemo"* kleine Badegäste mit Strömungskanal, Wasserrutsche und wohltemperiertem Außenbecken.

Wie kommt man nach Sellin?

ÖPNV:	Ab Binz mit dem Bus oder ab Putbus mit dem „Rasenden Roland" (s. Kapitel 27, Info-Teil).
PKW:	A 19, Kreuz Rostock, dann A 20, Ausfahrt Tribsee, Richtung Stralsund und Insel Rügen, auf der B 96 über den Rügendamm, dann die B 196 bis nach Sellin.

Touristinformation Sellin
August-Bebel-Straße 5, 18586 Ostseebad Sellin

Infos:	Telefon 03 83 03/8 70 06, Fax /8 60 75, fvv@ostseebad-sellin.de, www.sellin.de;

Erlebnisbad Nemo
Badstraße 1, 18586 Ostseebad Sellin

Infos:	Telefon 03 83 03/1 23-0, Fax -45, info@nemo-sellin.de, www.nemo-sellin.de;

Tipp:
Nahe Sellin, in Richtung Binz, liegt das *Jagdschloss Granitz* des Fürsten Malte zu Putbus. Besonderer Anziehungspunkt ist der 38 Meter hohe Aussichtsturm des Schlosses. Über 154 Stufen führt eine gusseiserne Wendeltreppe hinauf. Die Aussicht ist atemberaubend (Telefon 03 83 93/22 63).

Das Seebrücken-Restaurant Sellin

Kartentipp:

1 : 30 000 Mönchgut, Granitz (Verlag grünes herz)

Direkt an Rügens wundervollster Landschaft

Hinter Sellin ist die Insel Rügen beinahe zu Ende – aber eben noch nicht ganz. Und dieses letzte Stück im äußersten Südosten hat es in sich. Dort beginnt die Halbinsel *Mönchgut*, eine der schönsten Landschaften auf Deutschlands größter Insel. Mit Baabe und Göhren locken zwei schöne, stillere Ostseebäder dorthin. **Baabe** ist quasi das Tor zu dieser wundervollen Halbinsel. Der Strand ist breit und führt

Am Fuß der berühmten Kreidefelsen

nur allmählich sanft hinein ins Meer. Damit ist auch er wieder Kleinkinder-Badestrand. Ein Erlebnis für die ganze Familie ist eine Fahrt vom Baaber Bollwerk am Hafen nach Moritzdorf. Dorthin setzt Rügens einzige Ruderbootfähre über. Die Aussichtsterrasse des historischen Lokals „Moritzburg" gilt als eine der schönsten der Insel.

Ein Stückchen weiter hat **Göhren** gleich zwei Strände zu bieten, denn das Ostseebad ragt als eine Landnase hinein ins Wasser. Der Nordstrand ist quirlig und beeindruckt mit einem 1 600 Tonnen schweren Findling im Wasser, einem wahren Riesen der Eiszeit. Der Südstrand ist ruhiger.

i

Wie kommt man nach Baabe und Göhren?

ÖPNV: Ab Binz mit dem Bus oder mit dem „Rasenden Roland" (s. Kapitel 27, Info-Teil).

PKW: B 96 von Stralsund über den Rügendamm, über Bergen und die B 196 bis Baabe bzw. Göhren.

Kurverwaltung Ostseebad Baabe
Fritz-Worm-Straße 1, 18586 Ostseebad Baabe

Infos: Telefon 03 83 03/1 42-1 42, www.baabe.de;

Kurverwaltung Ostseebad Göhren
Poststraße 9, 18586 Ostseebad Göhren

Infos: Telefon 03 83 08/66 79-0, Fax -32, www.goehren-ruegen.de;

Tipp:
Auf der Halbinsel Mönchgut besonders schön ist eine Wanderung durch die *„Zicker Alpen"* bei Gager. Von den Bergrücken haben Sie einen wundervollen Blick weit über das Mönchguter Land und die Ostsee.

Kartentipp:
1 : 30 000 Mönchgut, Granitz (Verlag grünes herz)

Stille Tage am Strand

Glowe ist ein kleiner, dörflicher Badeort und gilt immer noch als eine Art Geheimtipp für Rügenurlauber, die dem Trubel der Seebäder entfliehen möchten. Am Ende des Ortes beginnt die *Schaabe*, eine acht Kilometer lange, geschwungene Nehrung zwischen Jasmund und Wittow. Hinter ihrem 200 Meter breiten Kiefernwaldstreifen verbirgt sich einer der ruhigsten und schönsten Strände der Insel. Nach stürmischen Tagen kann allerdings auch schon mal Seetang das FKK-Gebiet überziehen.

Wie kommt man nach Glowe?

ÖPNV:	Ab Bhf Sagard mit dem Bus.
PKW:	B 96 von Stralsund über den Rügendamm, über Bergen Richtung Sassnitz, in Sagard links ab nach Glowe.

Tourismusverein Gemeinde Glowe e. V.
Bungalowsiedlung 35, 18551 Glowe

Infos: Telefon 03 83 02/5 30 26, www.glowe.de;

Tipp:
Von Glowe aus lohnt ein Ausflug zum nördlichsten Punkt der Insel Rügen: zum *Flächendenkmal Kap Arkona*. Es besteht aus den beiden berühmten Leuchttürmen, dem Fischerdörfchen Vitt, dem Peilturm, der Nebelstation, den Marinebunkern und der Wallanlage der slawischen Tempelburg. Vom Parkplatz „Putgarten“ erreicht man all diese Sehenswürdigkeiten entweder zu Fuß oder mit der Arkonabahn.

Kartentipp:
1 : 30 000 Halbinsel Jasmund (Verlag grünes herz)

31 Hühnergott und Donnerkeil

Zu Fuß von Sassnitz bis zum Königsstuhl

Auch wer Mecklenburg-Vorpommerns Küste überhaupt nicht kennt, weiß eines ganz genau: Dort irgendwo liegt **Rügen**, Deutschlands größte Insel. Und was fällt jedem zu Rügen als Allererstes ein? Genau: die **Kreidefelsen**. Deshalb darf eine Tour entlang dieser grandiosen Steilküste auch auf keinen Fall fehlen. Wenn Sie nur einen einzigen Tag für Rügen Zeit haben, machen Sie deshalb einen Abstecher in den **Nationalpark Jasmund** zu den kreideweißen Klippen, die zwar empfindlich bröckeln, aber immer noch Bilder in das Erinnerungsalbum Ihrer Seele malen werden, die Sie nie vergessen. Vieles entlang der Küste *kann* man sich ansehen, die Kreidefelsen, die Caspar David Friedrich 1818 so eindrucksvoll auf Leinwand bannte, aber *muss* man gesehen haben – obwohl sie so, wie Friedrich sie gemalt hat, nicht mehr existieren.

Auf geht's zu den Kreidefelsen!

Unsere Tour beginnt in **Sassnitz**, Jasmunds größter Stadt mit rund 12 000 Einwohnern und einem lebhaften Fischereihafen. Wer mit dem Auto kommt, parkt am besten auf dem Parkplatz Nummer 5 „Alte Kiesgrube“ direkt an der Straße durch den Nationalpark Richtung Stubbenkammer/Königsstuhl. Wer mit der Bahn kommt, nimmt den gleichen Weg, denn hier liegt der Eingang zum Nationalpark Jasmund. Der Bus der Linie 408 hält fast direkt an diesem Parkplatz. Wer seine Füße für die Wanderung noch ein wenig schonen möchte, kann vom Bahnhof aus also auch ganz bequem mit dem Bus dorthin fahren.

Dann heißt es wieder: Schuhe fest geschnürt und Proviant-Rucksack auf den Rücken geschnallt. Diesmal muss die Verpflegung für rund acht Kilometer Fußmarsch reichen. Nach etwa drei Kilometern gibt es nochmal eine Möglichkeit zur Einkehr – danach erst wieder am Königsstuhl und damit am Ziel dieser Wanderung. Am rechten Ende des Parkplatzes geht es steil hinauf in den Wald. Und daran wird klar: Für Kinderkarre und ganz kleine Nationalparkbesucher ist diese Wanderung nichts. Die Infotafel gibt einen Überblick über die Strecke. Der Weg führt von hier durch den Wald und dann in östlicher Richtung an die Küste heran. Eine kleine Wegbeschreibung zu den „Kreidefelsen am Meer" bekommen Sie auf dem nächsten Parkplatz, den Sie erreichen. Hier beginnen auch Führungen durch den Nationalpark. Direkt vor Ihnen liegt nun der *Hochuferweg* zum Königsstuhl (ausgeschildert). Man kann auch ein Stück unten am Strand entlanggehen, aber das ist wesentlich beschwerlicher. Für einen Strandbesuch gibt es unterwegs immer wieder Gelegenheit, denn steile Treppen führen vom *Hochuferweg* hinab an den steinigen Strand.

Gleich zu Beginn begegnet uns hier wieder der berühmt-berüchtigte Freibeuter Klaus Störtebeker (s. auch Kapitel 8): Quasi direkt hinter dem letzten Haus öffnet sich nämlich die nach ihm benannte **Piratenschlucht**. Dazu gibt es auch wieder eine schaurig-schöne Geschichte: Hier soll der Pirat im 14. Jahrhundert Zuflucht gesucht und seine Schätze vergraben haben. Weil er die natürlich nicht unbewacht zurücklassen wollte, entführte er kurzerhand eine Jungfrau und verdonnerte sie dazu, auf seine Beute aufzupassen, bis er wieder käme. Pech nur für die Jungfrau, dass Störtebeker gefangen und hingerichtet wurde. So bewacht sie seinen Schatz noch heute treu und brav – sagt die Legende.

Weil wir aber oberhalb der Schlucht wandern, werden wir sie auf keinen Fall treffen. Nach knapp zwei Kilometern stetig bergauf und bergab durch den Buchenwald hoch droben am Rande der Ostsee erreichen wir das erste Etappenziel: die mächtigen **Wissower Klinken**. Die allerdings von Jahr zu Jahr weniger mächtig werden. Ende Februar 2005 stürzten beispielsweise die beiden 20 Meter hohen Hauptzinnen dieser Kreidefelsen-Formation krachend in die Ostsee und wurden dort innerhalb weniger Tage weggespült. Durch Erosion verändern sich die Kreidefelsen ständig. Vor allem im Winter und im Frühjahr kommt es immer wieder zu Abbrüchen. Meistens aber nicht zu so dramatischen wie im Jahre 2005.

Der Anblick vorher war mit Sicherheit grandioser, beeindruckend sind die Wissower Klinken aber immer noch. Von oben – wie von unten. Wer hier die steilen Stufen zum Strand hinuntersteigt, kann sich dort auch gleich auf die Suche nach anderen lohnenden Schätzen machen. Es muss ja gar nicht immer ein echter Piratenschatz sein: Hühnergott und Donnerkeil tun es schließlich auch. Und die findet man mit etwas Geduld ganz leicht am Strand vor den Kreidefelsen.

Der Strand zwischen Sassnitz und dem Königsstuhl ist ein Eldorado für Nachwuchsgeologen. Häufig findet man dort braune „Donnerkeile". Das sind Reste von längst ausgestorbenen, versteinerten Tintenfischen. Oder verwitterte, durchlöcherte Feuersteine, die „Hühnergötter" genannt werden. Sie gelten als Glücksbringer. In Osteuropa werden sie in Hühnernestern versteckt, damit das Federvieh mehr Eier legt. Von diesen Hühnergöttern gibt es auch riesengroße Exemplare. Die landen dann als „Sassnitzer Blumentopf" bepflanzt im Vorgarten. Sogar versteinerte Seeigel lassen sich noch recht häufig an diesem Strandabschnitt einsammeln. Das ist ein grauer, halbrunder Stein mit einer strahlenförmigen, weißen Zeichnung auf der Oberfläche. Der Abdruck eines längst verschwundenen Seeigels. Auch „Klappersteine" sind begehrte Fundstücke. In ihnen klappert ein Kieselschwamm in einer Feuersteinhülle herum. Kein Wunder also, dass die meisten Spaziergänger nur mit gesenktem Kopf über diesen Strand laufen. Hochgucken müssen Sie ab und zu aber doch, denn die Aussicht auf die Wissower Klinken ist beeindruckend. Zu nah sollten Sie ihnen aber auch nicht kommen, denn der Weg zu ihren Füßen am Strand entlang ist nicht ganz ungefährlich. Denken Sie an die Abbrüche.

Also führt uns der Weg wieder zurück die Treppe vom Strand hinauf und oberhalb der Wissower Klinken weiter. Sie sind übrigens nicht, wie viele glauben, das Motiv für Caspar David Friedrichs „Kreidefelsen auf Rügen". Das soll die „Victoria-Sicht" gewesen sein. Die werden wir später erreichen.

Ein Stück hinter den Klinken weist links ein Weg in den Wald zum Ausflugslokal „Waldhalle". Wer eine Pause braucht, kann hier also abbiegen. Und wem jetzt schon die Füße qualmen, der kann von dort auch nach Sassnitz zurückkehren und mit dem Bus der Linie 408 zum Nationalpark-Zentrum Königsstuhl fahren.

Wer sich fürs Weitergehen entscheidet, hat nun noch rund fünf Kilometer vor sich – mit wunderschönen Ausblicken auf die Küste und Einblicken in den herrlichen Buchenwald. Unvergesslich der Blick von der *Ernst-Moritz-Arndt-Sicht* und spektakulär steil nach unten geht es die Holztreppen zum *Kieler Bach* hinunter – und anschließend wieder hinauf. Von dort sind es nur noch gut zwei Kilometer bis zur *Victoria-Sicht*. Je näher Sie ihr kommen, desto voller wird es auf dem Klippenwanderweg, denn von hier ist es nicht mehr weit bis zum **Besucherzentrum am Königsstuhl**, das ja auch mit Bussen angefahren werden kann. Um einen Blick vom Podest an der Victoria-Sicht aus auf den Königsstuhl zu werfen und die heutige Aussicht mit Caspar David Friedrichs Werk zu vergleichen, müssen Sie sich in der Hauptsaison wahrscheinlich erst mal anstellen. Auf den kleinen Ausguck passen nämlich höchstens drei dünne Leute gleichzeitig.

Jetzt sind es nur noch wenige Schritte bis zum 2004 eröffneten Nationalpark-Zentrum, einem gemeinnützigen Projekt von WWF Deutschland, der Stadt Sassnitz und dem Land Mecklenburg-Vorpommern.

Auch wenn Sie hier an einem regnerischen Hochsommertag schon mal über eine Stunde auf Einlass in die Ausstellung warten müssen: Wenn Sie sich mit dem Staub der Kreidefelsen noch an den Schuhen klebend in die Schlange der Wartenden einreihen, wird Ihre Geduld belohnt werden, denn die 2 000 Quadratmeter große Multimedia-Ausstellung ist ein Ereignis für sich. Sie können sich ja beim Warten abwechseln und einzeln mit den Kindern auf den Spielplatz gehen, schon mal den Königsstuhl von oben bewundern oder sich ins Kino zu einem 20-minütigen stimmungsvollen Film über den Nationalpark setzen.

Der Eingang zur Ausstellung sieht aus wie ein riesiger Hühnergott und öffnet sich alle acht Minuten, um jeweils rund 20 Besucher hineinzulassen. Ab da beginnt eine rund 90-minütige wundersame Reise mit Kopfhörern. Sie gehen alle den gleichen Weg, können aber je nach Wunsch Unterschiedliches hören. Unter folgenden vier Reisen dürfen Sie wählen: eine romantische Wanderung, ein informativer Streifzug, eine spannende Exkursion und – speziell für Kinder – ein lustiges Abenteuer mit Mimi und Krax.

So ausgerüstet erfahren Sie Erstaunliches über den Ursprung im Kreidemeer und das Leben im Jasmund Nationalpark. Alle Informationen sind so anschaulich aufgebröselt, dass große und kleine Besucher gleichermaßen gefesselt sind. Sie können in einem stockdunklen Raum den Stimmen des Waldes lauschen, sich unter einen riesigen, schwebenden Felsbrocken legen, mit der 3-D-Brille auf der Nase in die Weiten eines Waldes eintauchen, einem Sturm trotzen und auf dem Meeresgrund spazieren gehen. Lassen Sie sich einfach überraschen.

Zurück nach Sassnitz kommen Sie von dort aus ganz bequem mit dem Bus der Linie 408. Er fährt direkt vor dem Eingang zum Besucherzentrum ab. Wenn Sie am Parkplatz Nummer 5 wieder aussteigen wollen: Sagen Sie dem Busfahrer Bescheid. Sonst können Sie bis zum Bahnhof durchfahren.

Wie kommt man nach Sassnitz?

i

ÖPNV: Bhf Sassnitz

PKW: B 96 von Stralsund über den Rügendamm.

Tourist-Service Sassnitz

Strandpromenade 12 und Bahnhofstraße 19a, 18546 Sassnitz

Infos: Telefon 03 83 92/6 49-0, Fax -20, www.insassnitz.de;

Gasthaus „Waldhalle"
an den Wissower Klinken, 18546 Sassnitz

Infos: Telefon 03 83 92/2 24 78

Nationalpark-Zentrum Königsstuhl Sassnitz
Stubbenkammer 2, 18546 Sassnitz

Geöffnet:	14. März bis Oktober	9.00 – 19.00 Uhr
	Juli und August	9.00 – 22.00 Uhr
	November bis 13. März	10.00 – 17.00 Uhr

Infos: Telefon 03 83 92/66 17-0, Fax -40,
info@koenigsstuhl.com,
www.koenigsstuhl.com;

Tipp:
Vom Sassnitzer Fischereihafen aus fahren Ausflugsschiffe zu den *Kreidefelsen*. Der Blick vom Wasser aus ist wieder ganz anders als vom Land. Besonders schön leuchten die Kreidefelsen übrigens im Licht der Morgensonne. Wer also an einem Tag beide Ausblicke genießen möchte, kommt früh, fährt erst mit dem Schiff und bricht dann zur Wanderung auf.

Kartentipp:
1 : 30 000 Halbinsel Jasmund (Verlag grünes herz)

Rügenpark: Da werden aus Zwergen plötzlich Riesen

Jules Vernes schickte seinen Helden „In 80 Tagen um die Welt". Ohne Frage: Das war damals unglaublich schnell. Heute kann man darüber nur müde gähnen. Wer geschickt bucht, braucht sicher nicht viel mehr als 24 Stunden. Etwas von der Welt sehen wird er dabei allerdings nicht. Nur den Bauch von Hochgeschwindigkeitsflugzeugen. Wie viel spannender, schneller und günstiger ist da doch ein Besuch im **Rügenpark**. Da kann man sich die wichtigsten und schönsten Bauwerke der Welt in nur 20 Minuten ansehen, und zwar ganz bequem aus der Bimmelbahn „Emma" heraus. Wer genau hinschauen möchte, nimmt sich nach der Fahrt mit der kleinen Eisenbahn aber nochmal mehr Zeit fürs Taj Mahal, die Chinesische Mauer und die Präsidentenköpfe von Mount Rushmore. Bei den rund 90 Miniaturen im Park, die im Maßstab 1 : 25 originalgetreu nachgebaut sind, lohnt sich nämlich der Blick auf Details, wie die kleinen Regenrinnen und Blumenkästen vor den Fenstern. Wenn sich Ihre Kinder neben Kremel & Co. stellen, fühlen sie sich nicht nur wie Riesen, sie sehen auch so aus!

Im Park gibt's sogar Dinge zu entdecken, die es eigentlich gar nicht mehr zu sehen gibt – wie die Sieben Weltwunder der Antike. Das einzige, was man davon noch in echt bestaunen kann, sind schließlich die Pyramiden von Gizeh mit der Sphinx. Doch sogar die sind im Park noch perfekter, weil der Zahn der Zeit nicht wirklich an ihnen genagt hat: Die Nase der Sphinx ist hier nämlich noch dran!

Unterwegs kann man also getrost ein bisschen Allgemeinbildung üben: Wie heißen noch gleich die Sieben Weltwunder? Nein, der Schiefe Turm von Pisa gehört wirklich nicht dazu – und wenn er sich auf dem Parkgelände noch so elegant zur Seite neigt. Auch nicht der Hamburger Michel, obwohl gerade wir als Fast-Hamburger natürlich nichts dagegen hätten und erstaunt feststellen: So von schräg oben betrachtet mit der schönen Dachkonstruktion sieht die St.-Michaelis-Kirche eigentlich noch viel toller aus als bloß von unten hochgeguckt! Aber sie ist natürlich viel zu jung für ein antikes Weltwunder.

Also: Weltwunder Nummer eins ist die Cheops-Pyramide. Bleiben noch sechs. Der Koloss von Rhodos – da steht er goldglänzend mit lockigem Haar im Wasserbecken, nicht weit von der Titanic entfernt. „Sieht irgendwie doof aus", findet meine Tochter. Das 36 Meter hohe Original aus Bronze wird mit Sicherheit beeindruckender gewesen sein. Nummer drei ist der Leuchtturm von Alexandria. Nummer vier die hängenden Gärten von Semiramis. Von deren Terrassen recken sich hier im Park ein paar Geranien in Richtung Rügen in Miniatur.

Bei den fehlenden Dreien müssen wir schon gemeinsam in den Tiefen unserer grauen Zellen kramen. Offen gestanden fällt uns nur

Große Werke ganz klein

noch der Tempel der Artemis ein – und das auch nur, weil ich im letzten Türkei-Urlaub vor der Stelle gestanden habe, wo er mal gestanden hat. „Wie Sie sehen, sehen Sie nix" – wie im Café „Vineta-Aussicht" (s. Kapitel 24).

Die letzten beiden müssen wir also nachgucken: die Zeus-Statue in Olympia und das Grabmal des Mausolos. Aha.

Soweit der Ausflug in die Antike. Weil bekanntlich das Gute ja immer so nahe liegt, sollten Sie unbedingt noch einen Abstecher ins Miniatur-Rügen machen, bevor Ihre Kinder sich auf die 15 Fahrattraktionen in der Vergnügungsparkecke stürzen, bei deren Anblick sie schon in der „Emma" ganz nervös auf ihren Sitzen herumgerutscht sind.

Die Insel in Klein liegt am Ende des Parks, gleich hinter dem Selbstbedienungsrestaurant und dem kleinen Ziegenstreichelgehege. Da ist die ganze zerklüftete Küste im Maßstab 1 : 750 nachgebaut. Alle wichtigen und markanten Gebäude der Insel sind zu sehen: von den Türmen am Kap Arkona über das Jagdschloss Granitz bis zum Ernst-Moritz-Arndt-Turm und zum spätgotischen Turm der Gingster Jacobi-Kirche. Machen Sie sich keine Sorgen, wenn Sie den gleich doppelt sehen: Vorne steht die Miniatur im Maßstab 1 : 25, hinten ist das Original zu sehen. So etwas nennt man wohl wirklich „Liebe zum Detail".

Weil Ihre Kinder jetzt sicherlich fast schon die Geduld verlieren: ab zu Superrutsche, Luna Loop und Jetskooter. Pech für die ganz Kleinen: Die meiste Portion Fahrspaß gibt es erst ab sieben Jahren.

Für die Kleineren ist die Auswahl beschränkter. Der Hit bei den Großen ist ohne Frage das Wildwasser-Rondell. Dort können maximal zehn Personen rasante Runden auf dem Wasser drehen. So oft sie mögen, denn die Fahrattraktionen sind im Eintrittspreis inbegriffen.

i

Rügenpark
Mühlenstraße 22b, 18569 Gingst

Wie kommt man hin?

PKW:	B 96 von Stralsund über den Rügendamm bis Samtens, ab da ausgeschildert; aus der anderen Richtung führt der Weg über Bergen.
Infos:	Telefon 03 83 05/5 50 55, Fax /6 00 49, info@ruegenpark.de, www.ruegenpark.de;

Tipp:
Die ländliche Gemeinde Gingst liegt im ruhigen Westen der Insel, zwischen Kapeller See und Koselower See. Lohnend ist ein Besuch in der *Jacobi-Kirche* mit ihrer üppig verzierten Orgel und im *Museum „Historische Handwerkerstuben“* (Telefon 03 83 05/4 35).

Kartentipp:
1 : 75 000 Rügen & Hiddensee (Verlag grünes herz)

Uns kann's gar nicht schnell genug gehen!

33 Rügens stille Schwester

Mit dem Fahrrad über die Insel Hiddensee

Eigentlich ist **Hiddensee** für eine Tagestour viel zu schade. Da geht's ihr nicht viel anders als Deutschlands einziger Hochseeinsel, Helgoland (s. „Mit Kindern unterwegs – In Schleswig- Holstein“). Sicher: Fünf Stunden Landgang reichen, um das Gros der Sehenswürdigkeiten „abzuhaken“. Wirklich erlebt hat man die Insel damit allerdings nicht. Ihren Zauber zeigt sie nur dem, der immer noch da ist, wenn das Schiff mit den letzten Touristen die Insel längst verlassen hat. Wer diese Ruhe mag, findet einen selten kostbaren Ort, an dem er völlig stressfrei die Seele baumeln lassen kann.

Ihre Magie mag sie verstecken, ihre Schönheit breitet sie aber durchaus auch vor dem Tagesgast aus. Da ist sie großzügig.

Von Ruhe und Entspannung ist bei der Anreise allerdings zunächst nicht viel zu merken. Im Fährhafen **Schaprode** auf der Insel Rügen regiert die Hektik – jedenfalls an diesem ersten Sommersonnentag nach einer langer Regenzeit. So groß der gebührenpflichtige Parkplatz auch ist, so voll ist er auch. Auf dem rund zehnminütigen Weg vom Parkplatz bis zum Hafen ziehen uns die Menschenmassen mit wie die Strömung eines Flusses. Für Beschaulichkeit bleibt da keine Zeit. Bis wir endlich auf der Fähre stehen, muss alles nur zackzack gehen. Ob sich die Massen auf Hiddensee verlaufen? Schließlich ist die Insel nur 17 Kilometer lang und höchstens 2,7 Kilometer breit – und den unteren Teil darf man gar nicht betreten! Eine Dreiviertelstunde bleibt uns Zeit, darüber nachzugrübeln, bis das Fährschiff in **Vitte**, dem größten Ort der kleinen Insel, festmacht.

Auch da hüllt uns noch nicht Hiddensees sprichwörtliche Beschaulichkeit ein. Wir haben nämlich, wie dumm, keine Fahrräder vorbestellt und so stoßen wir uns bei den ersten beiden Fahrradverleihen auch erst mal die Nase: Alle Räder sind schon mit anderen Leuten unterwegs. Beim dritten Verleih stehen außer ein paar Herrenrädern noch genau zwei Kinderfahrräder. Klasse, die gehören für heute uns!

Und siehe da, von dem Moment an, wo wir aufs Fahrrad steigen, hüllt uns der Zauber auch schon ein. Als hätte jemand einen Schalter umgelegt. Hiddensee ist ein Paradies für Fahrradfahrer. Autos sind verboten und so müssen sich die Zweiradfahrer die schön ausgebauten Wege nur mit Fußgängern teilen. Das machen wir auch sofort und fahren die Straße „Norderende“ entlang in Richtung *Kloster*, dem kulturellen Zentrum der Insel.

Vorbei an Vittes berühmter *„Blauen Scheune“*. Das ist ein 200 Jahre altes, niederdeutsches Hallenhaus mit spitzem Rohrdach, einem so genannten „Zuckerhut“. 1955 kaufte es der Maler Günter Fink als verfallene Scheune und baute es wieder auf. Heute ist es Künstlerhaus und nur zu bestimmten Veranstaltungen geöffnet.

Das letzte Haus in Vitte Richtung Kloster ist ebenfalls sehr interessant und für Besucher sogar täglich geöffnet: das **Nationalparkhaus**. Draußen gibt es schöne Picknickbänke, drinnen jede Menge Informationen über den Nationalpark Vorpommersche Boddenlandschaft (s. auch Kapitel 22 bis 25) allgemein und über Hiddensee speziell. Dort können Sie sich auch gleich die „SI Urlaubskarte Hiddensee" im Maßstab 1 : 30 000 kaufen. Darauf sind alle Fahrrad- und Wanderwege eingezeichnet und ganz viele interessante Einzelheiten beschrieben zu den Orten und ihren Sehenswürdigkeiten. Da erfahren Sie dann auch, dass es von Vitte bis nach Kloster nur gut zwei Kilometer zu strampeln sind. In Kloster angekommen fahren Sie am besten noch ein Stückchen geradeaus. Linker Hand liegt dann quasi direkt vor dem Strand in der alten Seenotstation das **Heimatmuseum** der Insel. Hauptattraktion ist die Nachbildung des legendären *Hiddenseer Goldschatzes*. Das ist ein 16-teiliges Schmuckensemble aus der Wikingerzeit. Die Originale wurden Ende des 19. Jahrhunderts vor Neuendorf am Strand entdeckt und sind im Kulturhistorischen Museum von Stralsund zu bewundern.

Nur ein paar Pedaltritte weiter liegt **Haus Seedorn**, das ehemalige Anwesen Gerhart Hauptmanns. Heute ist es Gedenkstätte und immer noch so eingerichtet wie zu Lebzeiten des berühmten Dichters – inklusive der Kritzeleien an der Wand über seinem Bett, mit denen er seine nächtlichen Geistesblitze festhielt.

Weil Ihre Kinder nun sicher von der Vergangenheit die Nase voll haben, schieben Sie am besten den „Kirchweg" weiter bis rechter Hand die Kirche auftaucht. Entweder machen Sie jetzt noch einen Abstecher auf den Friedhof und besuchen Hauptmanns Grab mit dem riesigen Findling oder Sie schieben das kurz auf und biegen gegenüber von der Kirche rechts ein in einen kleinen Weg. Er führt Sie direkt auf den einen von zwei **Themenspielplätzen** auf der Insel Hiddensee. Hier ist es die Geschichte „Jona und der Wal", die der Zwickauer Bildhauer Jo Harbort kindgerecht gestaltet hat. In dem denkmalgeschützten Ort **Neuendorf** im Süden der Insel befindet sich der erste Spielplatz dieser Art, der „Ilsebill-Spielplatz". Er erzählt in unmittelbarer Nähe zum Strand die Geschichte vom Fischer und seiner raffgierigen Frau Ilsebill.

Wenn Ihre Kinder sich ausgetobt haben, geht es weiter zu Hiddensees Wahrzeichen: dem Leuchtturm auf dem Schluckswieck, der höchsten Stelle des Dornbusch. Der Dornbusch ist das bis zu 72 Meter hohe Hügelland der Insel und bereits seit 1937 Naturschutzgebiet. Dort wachsen sehr fotogen Ginster, Sanddorn und Königskerzen in rauen Mengen. Ihr Fahrrad sollten Sie auf dem Fahrrad-Parkplatz am Leuchtturmweg abstellen, um die empfindliche Magerrasendecke im Hochland zu schützen. Von da ab geht es steil bergauf, bis Sie schließlich vor dem **Leuchtturm** stehen. Er markiert seit 1888 den Beginn der Fahrrinne nach Stralsund. Das Licht des „Leuchtfeuers Dornbusch" wird durch eine 2 000-Watt-Lampe mittlerweile ferngesteuert gespeist und reicht 45 Kilometer weit. Ursprünglich war der 28 Meter hohe Turm ein Ziegelbau. Damit er stabiler wurde, bekam er später aber seine zwölfeckige, weiße

Die alte Mühle in Vitte ist auch ohne Flügel sehenswert

Eisenbeton-Ummantelung. Jeweils nur 15 Personen gleichzeitig dürfen zwischen April und Oktober täglich zwischen 10.30 Uhr und 16.00 Uhr die 102 Stufen auf den Turm erklimmen und die Aussicht genießen. Bei klarem Wetter reicht sie über die ganze Insel Hiddensee bis nach Rügen und zum Festland. Den Dornbusch haben Sie übrigens sicher schon ganz oft im Fernsehen gesehen, denn dort hat der Schweizer Meterologe Jörg Kachelmann seit 1998 seine **Wetterstation**. Von dort kommen die wundervollen Bilder von sturmdurchpeitschten Meteorologen mit riesigen, puscheligen, grauen Fellmikrofonen fest in der Hand.

Nachdem Sie Ihre Räder wieder erreicht haben, können Sie entweder in einem der vielen Cafés in Kloster Station machen und Sanddorneis essen oder nach Vitte zurückradeln. Nun am besten die nur unwesentlich längere Strecke auf dem Deich entlang, die am Fähranleger in Kloster beginnt.

Wenn Sie dann noch ausgiebig Zeit haben: Radeln Sie durch Vitte hindurch in Richtung *„Hotel Heiderose"* und damit zur *Dünenheide*. Sie beginnt knapp zwei Kilometer südlich von Vitte in Richtung Strand. Diese 120 Hektar große Kulturlandschaft entstand im 12. Jahrhundert durch Rodung der Wälder und ist an der Ostsee ziemlich einzigartig. Besonders schön lockt die Dünenheide im August zu Spaziergängen, denn dann blüht sie violett. Damit das auch so bleibt, sorgen Pommersche Landschafe für den richtigen Schliff. Die Fahrräder können Sie am „Hotel Heiderose" stehen lassen. Von dort aus geht es gleich direkt gegenüber in die Dünenheide. Nach rund einem Kilometer gerade durch hören Sie das Meer rauschen. Auf etwa 3,5 Kilometer Länge führt der *Naturlehrpfad Dünenheide* durch diese ungewöhnliche Landschaft. Einen Führer dazu gibt es im Hotel.

Dieser Teil der Tour ist allerdings nicht ganz ungefährlich, denn dabei kann einem leicht das Zeitgefühl abhanden kommen. Ab Vitte fährt die letzte Fähre nach Schaprode um 19.45 Uhr. Wer sein eigenes Fahrrad dabei hat, sollte aber besser die Fahrradfähre um 17.30 Uhr nehmen. Gerade in der Hauptsaison kann es sonst passieren, dass auf der letzten Fähre nicht genügend Platz für alle Räder ist, weil die Stellfläche dort wesentlich kleiner ist.

Wir jedenfalls haben die Fähre unserer Wahl verpasst und hatten so noch zwei Stunden länger Zeit für die Insel. So war sogar noch ein unverhoffter Besuch am schönen Sandstrand in Vitte drin und ein Bad in der erfrischenden Ostsee. Auch die alte Mühle in Vitte, die zu einem Wohnhaus umgebaut wurde, haben wir deshalb noch gesehen. Allerdings nicht mehr, wie sich ihre dunkle Silhouette perfekt vor dem roten Abendhimmel beim Sonnenuntergang über der Ostsee in den Himmel streckt. Aber das lässt sich ja nachholen, denn wie gesagt: Eigentlich ist Hiddensee für eine Tagestour viel zu schade.

Wie kommt man nach Hiddensee?

Fähre: Von Schaprode gibt es regelmäßig Fährverbindungen zu allen Inselhäfen. Außerdem fährt morgens um 9.15 Uhr eine Fähre von Stralsund und am Wochenende eine von Barth/Zingst.

Reederei Hiddensee
Achtern Diek 4, 18565 Vitte

Infos: Telefon 03 83 00/2 10, Fax /5 01 70, www.reederei-hiddensee.de;

Insel Information Hiddensee GmbH
Norderende 162, 18565 Vitte

Infos: Telefon 03 83 00/6 42-26, Fax -25, www.seebad-hiddensee.de;

Nationalparkhaus Hiddensee
Norderende 2, 18565 Vitte

Geöffnet:	April bis Oktober	10.00 – 16.00 Uhr
	November bis März	10.00 – 15.00 Uhr

Infos: Telefon 03 83 00/6 80 41

Heimatmuseum
Kirchweg 1, 18565 Kloster

Geöffnet:	April und Oktober	
	dienstags bis samstags	11.00 – 15.00 Uhr
	Mai bis September	10.00 – 16.00 Uhr
	November bis März	
	freitags und samstags	11.00 – 15.00 Uhr

Infos: Telefon 03 83 00/3 63, Fax /6 42 25, www.seebad-hiddensee.de;

Gerhart-Hauptmann-Haus „Seedorn“
Kirchweg 13, 18565 Kloster

Geöffnet:	Mai bis Oktober	10.00 – 17.00 Uhr
	März, November	11.00 – 16.00 Uhr
	Dezember bis Februar nach Voranmeldung	

Infos: Telefon 03 83 00/3 97, Fax /6 05 65, www.seebad-hiddensee.de;

Leuchtfeuer Dornbusch
18565 Hiddensee

Geöffnet:	Mai bis September	10.30 – 16.00 Uhr
	Winteröffnungszeiten auf Nachfrage	
Infos:	Telefon 03 83 00/5 04 56	

Fahrradverleih Müller
Wallweg 1, 18565 Vitte

Infos: Telefon 03 83 00/4 64

Tipp:
Eine Liste mit allen *Fahrradverleihen* der Insel finden Sie auf den Internetseiten der Insel Information (www.seebad-hiddensee.de). Während der Saison sollten Sie am besten passende Räder reservieren. Die Rückfahrkarte nach Schaprode gilt von allen Häfen der Insel aus. Wenn Sie beim Fahrradverleih nachfragen, ob Sie die Räder auch in anderen Inselorten abgeben können, sind Sie viel flexibler.

Kartentipp:
1 : 30 000 Hiddensee, Ummanz (Verlag grünes herz)

Gut versteckt: die „Blaue Scheune"

34 Eldena

Schnörkellos und ohne Schnickschnack

Wie muss der perfekte Strand sein? Ganz sicher können die Meinungen da sehr weit auseinander gehen. Wer es eine Ecke ruhiger mag und mit möglichst wenig Attraktionen, der wird das historische **Strandbad Eldena** lieben, denn es bietet praktisch Badegenuss unverfälscht und pur. Gerade für kleine Nichtschwimmer ist es besonders gut geeignet, weil es nur ganz sanft und flach hinein ins Wasser geht. In den Sommermonaten überwachen Rettungsschwimmer den Strand während der Öffnungszeiten von ihrem Turm herab und es gibt ein Klettergerüst direkt am Wasser. Damit hat's sich aber auch schon mit den Bauwerken am feinen, weißen Sandstrand. Der Eingang zum Strandbad Eldena liegt direkt gegenüber der *Holländerbrücke* in **Wieck** (s. Kapitel 36). Das Bad wird von einem Verein betrieben und ist von Mai bis September geöffnet.

i

Wie kommt man nach Eldena?

ÖPNV:	Von Greifswald mit der Buslinie 6.
PKW:	Von Greifswald in Richtung Eldena zum Hafen in Wieck.

Strandbad Eldena
17493 Greifswald-Wieck

Geöffnet:	Mai bis September	8.00 – 18.00 Uhr
Infos:	Telefon 0 38 34/84 01 57	

Kartentipp:

1 : 100 000	Rügen, Stralsund und Hiddensee (Verlag grünes herz)

Zum Naturdenkmal Teufelsstein

Lubmin liegt 15 Kilometer östlich von Greifswald, direkt am Greifswalder Bodden in einer schönen, ruhigen Landschaft aus Wald und Dünen. Der Badestrand ist vier Kilometer lang und sehr kinderfreundlich. Je weiter Sie sich von der Seebrücke entfernen, die 350 Meter ins Meer hineinragt und den Mittelpunkt des kleinen Badeortes bildet, desto purer und ursprünglicher wird die Landschaft. Es gibt Abschnitte mit Steil- und Kliffküsten und bizarren Kiefernwäldern. Ein gutes Stück vor dem Hauptstrand ragt ein 32 Kubikmeter großer Findling, ein „**Teufelsstein**“, aus dem Flachwasser heraus. Von der Seebrücke fahren Schiffe nach Rügen oder über den Greifswalder Bodden und vom nahen Fischerort *Freest* gibt es neuerdings wieder regelmäßig eine (Fahrrad-)Fährverbindung nach Peenemünde auf Usedom. Freest ist dabei unbedingt einen Ausflug wert, denn der Ort hat sich viel von seiner Ursprünglichkeit bewahrt.

i

Wie kommt man nach Lubmin?

Fähre:	Mit dem Fährschiff von Greifswald/Wieck.
PKW:	Von Greifswald in Richtung Kloster Eldena, dann weiter Richtung Kemnitz. Der Weg nach Lubmin ist ausgeschildert.

Kurverwaltung Lubmin
Freester Straße 8, 17509 Lubmin

Infos:	Telefon 03 83 54/2 20-11, Fax -14, www.seebad-lubmin.de;

Tipp:
Für das Gebiet zwischen Greifswald und Ueckermünde – einschließlich Hinterland und Insel Usedom – wurde vom Landkreis Ostvorpommern der kleine Radwanderführer „Radwandern im Landkreis Ostvorpommern“ im Maßstab 1 : 75 000 herausgegeben. Dort findet man so interessante Ausflugstipps wie eine Besichtigung des stillgelegten Atomkraftwerks in der Nähe von Lubmin.

Kartentipp:

1 : 100 000	Rügen, Stralsund und Hiddensee (Verlag grünes herz)

36 Caspar David Friedrichs Spuren

Zu Fuß von Greifswald zum Kloster Eldena

Die vierte im Bunde von Mecklenburg-Vorpommerns schönen Hansestädten ist **Greifswald**. Wie in Wismar, Rostock und Stralsund lohnt sich auch hier der Bummel durch die schmalen Straßen, vorbei an den hübsch restaurierten Fassaden der Bürgerhäuser mit ihren prächtigen Giebeln. Wer von Stralsund nach Greifswald kommt, spaziert quasi von der Schokoladenseite hinein in die Stadt, denn schon von Weitem lässt sich die Silhouette mit ihren drei Kirchtürmen bestaunen. Sie sitzen allesamt auf gotischen Backsteinkirchen. Der schönste trägt seit 1663 einen Barockhelm und gehört zum **Dom St. Nikolai**. Hier wurde Greifswalds berühmtester Sohn, Caspar David Friedrich, getauft. Sein Vater war Kerzengießer und Seifensieder. Das Haus, in dem der Maler am 5. September 1774 als sechstes von zehn Kindern geboren wurde, ist leider abgebrannt. Dafür wurde in der alten Seifensiederei seines Vaters mit dem **Caspar-David-Friedrich-Zentrum** 2004 ein Denkmal für ihn eröffnet. Im Erdgeschoss geht es sehr anschaulich um Leben und Werk des Sohnes, in der Schauwerkstatt im Kellergeschoss wird das Handwerk des Vaters wieder lebendig. Große und kleine Lichter-Leuchte-Fans können in Workshops Kerzen wie zu Caspar David Friedrichs Zeiten selber ziehen oder gießen. Im Museumsshop gibt es viele schöne Dinge, die es sonst nirgendwo zu kaufen gibt. Zum Beispiel ein Malbuch für kleine Nachwuchskünstler mit den bekannten Motiven des großen Greifswalders. Wenn Sie sich ein paar Originale ansehen möchten: Einige Bilder des romantischen Malers sind in der Gemäldegalerie des Pommerschen Landesmuseums (s. Info-Teil) ausgestellt.

Unsere Tour nach Wieck und zum Kloster Eldena beginnt am historischen **Marktplatz**. Im roten *Rathaus* ist auch die Touristinformation und dort können Sie sich mit Material versorgen. Auf dem Platz sollten Sie erst mal in Ruhe die Blicke schweifen lassen, denn die unterschiedlichen Häuserfassaden können begeistern. Zum Beispiel die von Haus Nummer 10 und 11. Sie gucken genau in die richtige Richtung, wenn Sie mit dem Rücken zum Rathaus stehen. Nummer 11 hat einen filigranen Maßwerkgiebel, das Doppelhaus Nummer 10 zwei verschiedene Renaissance-Giebel. Links davon erhebt sich die *St. Marienkirche*.

Im Grunde hat sich Greifswalds Altstadt seit Friedrichs Zeiten kaum verändert. Im Krieg wurde die Stadt nämlich gar nicht beschädigt, weil der Kommandant Petershagen sie kampflos an die Rote Armee übergab. Gerettet war sie damit aber leider nicht, denn während der DDR-Zeit bröckelte sie nur so vor sich hin. Mit System: Die Pläne für den kompletten Abriss der Altstadt sollen bereits in der Schublade gewartet haben. Nach der Wende wurde mit der Sanierung begonnen.

Vom Marktplatz halten Sie sich mit Blick auf die Marienkirche scharf links. Welchen Weg Sie genau nehmen, ist egal, denn so laufen Sie direkt auf den **Museumshafen** und damit auf den Fluss *Ryck* zu. Nachdem kleine Schiffsjungen und -mädchen die Traditionsschiffe im Hafen bestaunt haben, geht's weiter Richtung Fischerdorf Wieck. Den Ryck an Ihrer linken Seite, laufen Sie zunächst am **Fangenturm** vorbei. Er wurde im 13./14. Jahrhundert gebaut, war der nordöstlichste Teil der Stadtbefestigung und hat eine entsprechend bewegte Vergangenheit hinter sich: Unter anderem war er Gefangenenturm (Vangen-Turm) und von 1775 bis 1826 Sternwarte. Heute ist er Sitz des Hafenamtes des Museumshafens.

Von hier geht es ganz gemütlich in gut einer Stunde die fünf Kilometer bis nach Wieck immer nett am Wasser entlang. Die Strecke ist auch für die Kinderkarre ideal. Nur noch ein paar Häuser und Greifswald liegt hinter Ihnen. Vor Ihnen führt ein leicht erhöhter, sanft geschwungener Weg durch eine Naturidylle. Am Ende wartet wieder eine Besonderheit: die **Wiecker Klappbrücke**. Sie wurde 1887 nach holländischem Vorbild erbaut und verbindet seitdem den Stadtteil Eldena mit dem kleinen Fischerort Wieck. Pünktlich jede Stunde öffnet sich die Brücke, um die Schiffe Richtung Greifswald bzw. Greifswalder Bodden durchzulassen. Weil sie noch per Hand geöffnet und geschlossen wird, ist das jedes Mal ein Ereignis. Vor allem, wenn sich richtig große Segelschiffe wie durch ein Nadelöhr hindurchschieben.

Über die historischen „Planken" der 1994 sanierten Brücke geht es hinein nach **Wieck**. Aber nur für Fußgänger und Fahrradfahrer: Autos

Die Wiecker Klappbrücke

brauchen eine Sondergenehmigung. Wieck ist ein schöner kleiner Fischerort mit schilfgedeckten Katen aus dem 18. und 19. Jahrhundert. Er liegt genau an der Stelle, wo der Fluss Ryck in den Greifswalder Bodden mündet. Frischen Fisch gibt's gleich vom Kutter und den schönsten Blick in den Wiecker Hafen noch immer von der weißen Holzbrücke.

Hinter der Brücke führt die „Ryckpromenade" rechts herum bis zur Mole mit dem kleinen Leuchtfeuer. Unterwegs gibt es nette Cafés, Holzskulpturen einheimischer Künstler, auf denen Ihre Kinder garantiert gerne herumklettern, und hinter der Touristinformation in der Pension „Schipp in" ein wenig versteckt einen **Spielplatz**, auf dem empfindliche Seelchen sogar ein wenig seekrank werden können: Das große Kletterschiff, das aus dem Stand Kinderaugen zum Leuchten bringt, ist nämlich nicht starr im Boden verankert, sondern schwankend aufgehängt. Da ist es leicht, sich wie ein gefährlicher Pirat auf hoher See zu fühlen. Am Ende der kleinen Flaniermeile können Sie noch (kostenlos) die Stufen eines **Aussichtsturms** erstürmen. Von dort fällt der Blick weit über den Greifswalder Bodden. Doch Vorsicht: Weil der Turm ganz aus luftigen Gitterelementen gebaut ist, brauchen Gipfelstürmer, die nicht wirklich schwindelfrei sind, eine Portion Mut.

Der Weg zurück führt wieder über die Holländer-Klappbrücke. Entweder Sie steigen dort bei der Haltestelle gegenüber gleich in den Bus der Linie 6, der Sie wieder zurückbringt in die Altstadt von Greifswald, oder Sie machen erst noch einen Abstecher zu den Ruinen von **Kloster Eldena**. Der Weg dorthin ist ausgeschildert und beginnt direkt gegenüber der Brücke. Nach knapp 500 Metern erreichen Sie den Park mit den beeindruckenden Resten der Zisterzienserabtei „Hilda", die im Jahr 1119 gegründet wurde. Durch den Dreißigjährigen Krieg wurde sie zur Ruine und anschließend als Steinbruch benutzt. Weltberühmt wurde die Klosterruine Eldena übrigens durch Caspar David Friedrich. Er malte sie in vielen seiner Werke in wechselnden Kulissen. In der besonderen Atmosphäre finden heute im Sommer Konzerte und Veranstaltungen statt. „Open Air" natürlich, mangels Dach.

i

Wie kommt man nach Greifswald?

ÖPNV:	Bahnstrecke Anklam-Stralsund
PKW:	A 20, Ausfahrt Greifswald-West, oder B 109 von Anklam bzw. B 96 von Stralsund.

In den Klosterruinen

i

Greifswald-Information
Rathausarkaden, Am Markt, 17489 Greifswald

Infos:	Telefon 0 38 34/52 13-80, www.greifswald.de;

Caspar-David-Friedrich-Zentrum
Lange Straße 57, 17489 Greifswald

Geöffnet:	Dezember bis Mai	
	dienstags bis samstags	11.00 – 16.00 Uhr
	Juni bis September	
	dienstags bis sonntags	11.00 – 17.00 Uhr
	Oktober bis November	
	dienstags bis samstags	11.00 – 16.00 Uhr
Infos:	Telefon/Fax 0 38 34/77 62 38, cdf98@gmx.de, www.caspar-david-friedrich-gesellschaft.de;	

Pommersches Landesmuseum
Rakower Straße 9, 17489 Greifswald

Geöffnet:	November bis April	10.00 – 17.00 Uhr
	Mai bis Oktober	10.00 – 18.00 Uhr
	montags geschlossen	

Infos: Telefon 0 38 34/83 12-0, Fax -11,
info@pommersches-landesmuseum.de,
www.pommersches-landesmuseum.de;

Tipps:
Zwischen Wieck und dem Gahlkower Haken gegenüber mit seiner herrlichen Natur und den schönen Ausblicken auf den Greifswalder Bodden gibt es eine Fährverbindung. Von dort ist es auch nicht weit nach *Schloss Ludwigsburg* (s. Kapitel 37).

Greifswald lockt außerdem mit einen *Tierpark* (www.tierpark-greifswald.de) und einem attraktiven *Freizeitbad* (Telefon 0 38 34/ 53 27 11).

Kartentipp:
1 : 100 000 Rügen, Stralsund und Hiddensee (Verlag grünes herz)

Ideales Ziel für den Piraten-Nachwuchs

Eine Führung durch Schloss Ludwigsburg

Manche Sehenswürdigkeit hält sich in Mecklenburg-Vorpommern vor den Touristenströmen gut versteckt. **Schloss Ludwigsburg** ist so eine. Es lockt zwar nicht mit Glanz und Gloria, dafür aber mit einer Geschichte, die typisch ist für Deutschlands Osten und mit einem Engagement, das begeistern kann.

Wer dorthin kommt, wird sich zunächst wundern, denn ein Blick durchs Tor am Eingang genügt und es ist klar: Das Schloss hat ganz eindeutig schon viel bessere Tage gesehen. Die Fenster kaputt, die Fassade zerbröckelt, der Schlosspark verwildert. „Das hab' ich mir irgendwie ganz anders vorgestellt", mault meine Tochter. Doch abwarten: Jetzt ist zwar nicht die Zeit für Prunk und Protz, dafür aber für wahrhaft interessante Begegnungen mit der Vergangenheit und mit dem Zahn der Zeit, der so kräftig am alten Gemäuer genagt hat.

Für Verblüffung sorgt schon mal ein Schild am Eingang: „Schlossbesichtigungen montags bis freitags von 9.00 bis 15.30 Uhr". „Wie jetzt: Da kann man noch rein???" Wir sind erstaunt.

Tatsächlich: Durch Schloss Ludwigsburg gibt's eine Führung. Und die ist – wie man von außen bereits erahnt – eine Besichtigung der etwas anderen Art. Nix mit Riesen-Filzpantoffeln, die über frischgebohnertes Parkett rutschen. Kein Kronleuchter, der unter einer stuckverzierten Decke schwebt. Keine schweren Vorhänge vor den Fenstern, keine wertvollen Seidentapeten, keine Ahnengalerie – nichts von all der Pracht, mit der andere Schlösser locken. Und doch: Eine Führung durch Schloss Ludwigsburg ist ein Erlebnis.

Wenn sich knarrend die Eingangstür öffnet, steht man mitten drin in einer Baustelle. Aber schon in einer schönen. Die toskanischen Säulen unten in der Küche sind immer noch sehenswert. Überall stehen Vasen mit frischen Gartenblumen, die auch den Pfeilern zum Abstützen der Decken viel von ihrer Härte nehmen. Und im ehemaligen Tanzsaal im ersten Stock thront unter einer stuckverzierten Decke eine „antike" Badewanne. Außer dem schönen Herd in der Küche ist sie das Einzige, was von der Einrichtung übrig geblieben ist. Ansonsten sind die Räume leer.

Auch wenn mittlerweile das Dach dicht ist: Vieles hat die Feuchtigkeit kaputt gemacht. Das können selbst wir als Laien deutlich sehen. Deshalb ist es auch gar keine Frage: Wer Schloss Ludwigsburg retten will, braucht ein prall gefülltes Portemonnaie. Das hat der Förderverein „Schloss und Gutshofanlage Ludwigsburg", der sich seit 1998 um die Anlage kümmert, zwar leider nicht, dafür aber viel Engagement und die notwendige Portion Optimismus. Irgendwann soll die Anlage wieder in altem Glanze erstrahlen.

Wie schön es hier mal war, kann man jetzt schon auf den Bildern einer kleinen Ausstellung zur Geschichte des Anwesens sehen. Zum

Vor Schloss Ludwigsburg

Beispiel, wie romantisch das Schloss aussah, umrankt von Efeu oder wildem Wein, mit der imposanten Freitreppe hinein in den schönen Garten. Im Haus gab es sogar ein eigenes Bilderzimmer mit mehr als 200 gerahmten Werken an der Wand. Das und alles andere wurde 1945 komplett ausgeplündert.

Der Beginn der Geschichte von Schloss Ludwigsburg war dagegen ungleich standesgemäßer: Erbaut wurde es irgendwann zwischen 1577 und 1592 von Herzog Ernst Ludwig zu Pommern-Wolgast. Als er am 17. Juni 1592 starb, war es jedenfalls fertig. So wurde der Spätrenaissance-Bau zum Witwensitz seiner Frau, Herzogin Hedwig Sophie. In Gedenken an ihren verstorbenen Mann taufte sie das Dorf, das damals „Dersim" hieß, samt Schloss kurzerhand in „Ludwigsburg" um. Das muss wohl Liebe gewesen sein. Mit einer Unterbrechung blieb sie bis zu ihrem Tod am 30. Januar 1631, also fast 40 Jahre nach ihrem Mann, dort wohnen. Knapp 200 Jahre wechselten die Besitzer. Zwischendurch wurde umgebaut und renoviert. Irgendwann entstand aus dem ursprünglich zweigeschossigen Bau ein dreigeschossiger. 1810 erwarb ein Kaufmann aus Greifswald das Anwesen. Bis 1945 blieb es in der Hand seiner Familie. Nach dem Krieg war's dann Eigentum der Gemeinde. Flüchtlinge zogen ein und wieder aus, die historische Küche mit den toskanischen Säulen wurde als Werkküche genutzt. Dann stand das Schloss Jahrzehnte leer und verwandelte sich mehr und mehr in eine Ruine. 1964 musste die ehemals herrliche Veranda mit der Freitreppe wegen Baufälligkeit abgerissen werden. Nach der Wiedervereinigung kaufte ein Nachfahre des Greifswalder Kaufmanns 1992 das Haus zurück.

Der Förderverein ist es aber, der sich heute engagiert um Schloss und Gutsanlage kümmert. Stück für Stück soll alles saniert werden. Nebengebäude wie das Beamtenhaus sind bereits fertig. Dort hat der Verein sein Büro und dort beginnen auch die Führungen. Zu besichtigen ist außerdem ein Kräutergarten mit historischem Rosenbeet und Kräuterbeeten aus verschiedenen Jahrhunderten. Bei der Gartenarbeit haben die neuen „Schlossherren" schon erstaunliche Dinge zu Tage befördert: zum Beispiel einen Zierlöwenkopf, eine Bierflasche aus den 1930er Jahren und einen antiken Dosenöffner. „Genau so einen hatte meine Oma auch!", erinnere ich mich voller Begeisterung – und meine Kinder staunen: Ihre Urgroßmutter öffnete ihre Konservendosen mit einem wahrscheinlich hochherrschaftlichen Dosenöffner? Wahnsinn! Spätestens da ist auch meine Tochter mit Schloss Ludwigsburg versöhnt.

Alles, was der Garten hergibt, wird im schlosseigenen Hofladen verkauft. Bis auf den Dosenöffner natürlich: Er ist gleich nebenan in der Schloss-Ausstellung zu sehen.

Mehrmals im Jahr ist mittlerweile vor der historischen Kulisse „Kräuter- und Räuchermarkt". Es gibt Kräuterseminare, Konzerte im Schloss und so ungewöhnliche Ausstellungen wie die „Papierkunst" von Margit Martens-Michaelis, die quasi gleich um die Ecke wohnt. Ihre Kollektion von wunderschönen Kleidern plus passender Accessoires hat sie allesamt aus Papiertischdecken gefertigt. Regelmäßig an Pfingstsamstag präsentieren ihre drei Töchter diese Kunstwerke mit viel Spaß auf einer Modenschau im ehemaligen Getreidespeicher. Mittlerweile ist diese Veranstaltung ein echter Publikumsmagnet und auf dem besten Wege, Kult zu werden. Die Kleider sind in den Räumen ausgestellt und dürfen ebenfalls besichtigt werden.

Solche Details sind es, die den Besuch von Schloss Ludwigsburg eben doch zu etwas ganz Besonderem machen. Und wer dann anschließend wissen will, wie es rund um den kleinen Renaissance-Bau weiter geht, der sollte einfach wiederkommen.

i

Wie kommt man nach Ludwigsburg?

PKW:	Von Greifswald Richtung Kloster Eldena und Kemnitz, kurz danach links ab nach Ludwigsburg.

Förderverein „Schloss und Gutshofanlage Ludwigsburg"
Schlosshof 1, 17509 Ludwigsburg

Geöffnet:	montags bis freitags	9.00 – 15.30 Uhr
	samstags und sonntags nach Vereinbarung	
Infos:	Telefon/Fax 03 83 52/6 03 24	

Tipp:
Ein kleines Stück rechts von der Schlossanlage liegt das wunderschöne *Café „Tee+Kanne"* in der alten Dorfschule. Köstlicher Tee, Kaffee und hausgebackener Kuchen werden im ehemaligen Klassenraum serviert. An der Wand hängen Bilder aus dem Schulalltag und ein alter Lederranzen. Die Speisekarte ist ein Schulheft. Da bekommen Ihre Kinder zu den leckeren Pfannkuchen gleich noch ein wenig Geschichtsunterricht.

Kartentipp:
1 : 100 000 Rügen, Stralsund und Hiddensee (Verlag grünes herz)

In der Ausstellung „Papierkunst"

Noch immer ein Geheimtipp

Erst seit ein paar Jahren ist **Karlshagen** wieder offiziell Ostseebad – und immer noch eine Art Geheimtipp für einen ruhigen Urlaub auf der Insel Usedom ganz in der Nähe der berühmten Seebäder. Der ausgedehnte Flachwasserbereich am steinfreien, weißen, nicht überfüllten Ostseestrand macht es für Familien mit Kleinkindern ganz besonders lohnend. Mitten in den Dünen an der Strandpromenade liegt das **Naturschutzzentrum Insel Usedom**. Dort gibt es eine Fülle von Informationen zur heimischen Flora und Fauna mit einer See- und Singvogelausstellung und vielen Tierpräparaten. Vom Hafen aus starten Schifffahrten auf dem Peenestrom oder zu den vorgelagerten Inseln Ruden und Oie. Nicht weit ist es nach **Peenemünde**. Dort, wo Hitler fieberhaft an seiner „Geheimwaffe" forschen ließ, gibt es gleich mehrere spannende Museen: vom **Historisch-Technischen-Informationszentrum**, das über die Entwicklung von Raketen informiert, über die **Phänomenta**, die zeigt, wie viel Spaß Physik machen kann, bis hin zum **russischen U-Boot 461**, das im Hafen zu besichtigen ist.

Weil Karlshagen an die Usedomer Bäderbahn angeschlossen ist, geht es von dort aus ganz bequem per Zug nach Peenemünde oder in Richtung Zinnowitz und Ahlbeck.

Wie kommt man nach Karlshagen?

ÖPNV:	Ab Bhf Züssow mit der Usedomer Bäderbahn.
PKW:	B 111, in Wolgast über die Peenebrücke auf die Insel Usedom. Kurz hinter Wolgast links ab Richtung Karlshagen.

Touristinformation Ostseebad Karlshagen
Hauptstraße 16, 17449 Ostseebad Karlshagen

Infos:	Telefon 03 83 71/2 07 58, www.karlshagen.de;

Peenemünde Information
Zum Hafen 4, 17449 Peenemünde

Infos:	Telefon/Fax 03 83 71/2 14 64

Kartentipp:

1 : 30 000	Zinnowitz, Ückeritz, Peenemünde (Verlag grünes herz)

39 Zinnowitz

Die Auferstehung alter Badekultur

Zinnowitz ist wie ein kleines Fenster in die Vergangenheit, denn wer sich auf die Suche macht, wird dort das Bäderleben einer längst vergangenen Epoche wiederentdecken. In dem Seebad wurde die türmchengeschmückte Bäderarchitektur der Gründer- und Kaiserzeit detailgetreu restauriert, und so umweht die Sommergäste an der Strandpromenade der Hauch der Geschichte. Geradezu zum Sturm bläst er bei einem Besuch im Hotel-Restaurant „Preußenhof“ direkt an der Dünenstraße in Richtung Seebrücke: Im Museums-Café wird bei köstlichem Kaffee und Kuchen mit rund 200 Ausstellungsstücken das Usedomer Bäderleben der 1920er Jahre wieder lebendig, inklusive Bademoden, Sonnenschirmen, Bäderkarren und Strandkörben.

Der Strandvorplatz in Karlshagen (s. Kapitel 38)

Wer die 315 Meter lange Seebrücke bis zum Ende geht, steht vor einem weiteren Zeitfenster: Ganz hinten in der Ecke links erinnert eine holzgeschnitzte Statue an die sagenumwobene Stadt Vineta, die ungefähr hier mit ihren raffgierigen Bewohnern im Meer versunken sein soll. Oder doch im Barther Bodden (s. Kapitel 24)? Egal. Mit etwas Fantasie kann man ja Vinetas Kirchsturmspitze im Wasser sehen und die *Vineta-Festspiele* im waldumrahmten Ostseebad Zinnowitz sind mit Sicherheit ein Erlebnis für die ganze Familie.

Wie kommt man nach Zinnowitz?

ÖPNV:	Über Züssow mit der Usedomer Bäderbahn.
PKW:	B 111, in Wolgast über die Peenebrücke bis zum Abzweig Zinnowitz.

Kurverwaltung Ostseebad Zinnowitz
Neue Strandstraße 30, 17454 Zinnowitz

Infos: Telefon 03 83 77/49 20, www.zinnowitz.de;

Museumscafé im Strandhotel „Preußenhof"
Dünenstraße 10, 17454 Zinnowitz

Infos: Telefon 03 83 77/3 90

Tipp:
Badespaß bei jedem Wetter verspricht die *Bernsteintherme* (www.bernsteintherme.de) und im Süden lockt die Halbinsel *Gnitz* zu idyllischen Wanderungen und Spaziergängen. An ihrer Südspitze liegt das *Naturschutzgebiet Möwenort* mit schönen Ausblicken auf unberührte Landschaften.

Kartentipp:
1 : 30 000 Zinnowitz, Ückeritz, Peenemünde
(Verlag grünes herz)

Auf der Promenade des Kaiserbads Ahlbeck (s. Kapitel 40)

Echte Kaiserbäder

Wundervoll renoviert und mit wilhelminischer Pracht locken auch Usedoms Kaiserbäder an die Ostseeküste. Mit Strandkörben, herrlichen Seebrücken und jeder Menge Strandvergnügen, eben mit allem, was das Herz so begehrt. Bei dieser prachtvollen Bäderromantik verwundert es gar nicht, dass hier selbst der Kaiser wieder und wieder baden ging. Wer den Trubel mondäner Seebäder liebt, der wird hier wahrhaft glücklich werden. Acht Kilometer lang ist der Strand und damit die Uferpromenade. Erst heißt sie „Bansin", dann „Heringsdorf" und schließlich „Ahlbeck", denn die ehemaligen Fischerorte gehen nahtlos ineinander über. Ein wenig unterschiedlich sind sie dabei aber immer noch geblieben.

Bansin mit seinem fast südländischen Flair ist das kleinste, **Heringsdorf** als „Nizza des Nordens" das mondänste und **Ahlbeck** ist das familienfreundlichste und das größte der drei Kaiserbäder. Finden Sie heraus, welches Ihr Lieblings-Kaiserbad ist, und wenn Ihnen der Trubel zu groß wird, im Hinterland von allen dreien warten romantische Seen darauf, entdeckt zu werden: nahe Bansin der *Mummelkensee*, nahe Heringsdorf der *Gothensee* und nahe Ahlbeck der *Wolgastsee.*

Und wo ist unser Strandkorb?

Wie kommt man nach Bansin, Heringsdorf und Ahlbeck?

ÖPNV: Über Züssow mit der Usedomer Bäderbahn.

PKW: B 111 über Wolgast oder B 110 über Anklam und die Zecheriner Brücke auf die Insel Usedom. Von dort zunächst die B 110 entlang bis zum Abzweig zu den einzelnen Kaiserbädern.

Kurverwaltung Bansin
An der Seebrücke, 17429 Seebad Bansin

Infos: Telefon 03 83 78/47 05-0, www.drei-kaiserbaeder.de;

Kurverwaltung Heringsdorf
Kulmstraße 33, 17424 Seebad Heringsdorf

Infos: Telefon 03 83 78/24 51, www.drei-kaiserbaeder.de;

Kurverwaltung Ahlbeck
Dünenstraße 45, 17419 Seebad Ahlbeck

Infos: Telefon 03 83 78/2 44-97, www.drei-kaiserbaeder.de;

Tipps:
An kühlen Tagen verspricht die *Ostseetherme Usedom* an der Ortsgrenze zwischen Heringsdorf und Ahlbeck subtropische Badefreuden (www.ostseetherme-usedom.de).

Und wer Lust hat, sich auch einmal ein paar ungewöhnliche Strandkorbmodelle anzusehen und gleichzeitig mehr über die Herstellung dieser bequemen Urlaubsdomizile zu erfahren, der ist bei der Firma *Korb GmbH Seebad Heringsdorf & Co. KG* genau richtig. Dort können Sie gemeinsam auch Strandkörbe für Kinder, Puppen und sogar für Hunde bewundern und sich donnerstags durch die Produktion führen lassen (www.korbgmbh.de).

Kartentipp:
1 : 30 000 Heringsdorf, Ahlbeck, Bansin (Verlag grünes herz)

41 Ein Paradies für kleine Kunsthandwerker

Handwerk, Kultur und bäuerliches Leben

Sie machen in der Nähe von Wolgast Urlaub und es gießt in Strömen? Na prima! Dann ist das genau der richtige Tag für einen Abstecher nach **Mölschow**. In dem kleinen Ort im Westen der Insel Usedom gibt es nämlich seit 2004 ein interessantes Projekt, das wie geschaffen ist für einen Familienausflug. Es besteht genau genommen aus drei Teilen: aus dem Kulturhof im alten Gutshaus, aus dem grenzübergreifenden Jugendhandwerkerhof im ehemaligen Pferdestall und aus dem Landwirtschaftlichen Erlebnisbereich. Weil eines unserer Kinder sich mit Begeisterung auf alles stürzt, was sich mit seinen Händen künstlerisch verformen und bearbeiten lässt, haben wir viel Zeit, zumindest die ersten beiden Bereiche ganz genau unter die Lupe zu nehmen und können dort quasi jeden Stein umdrehen.

Jugendhandwerkerhof und Kulturhof liegen direkt nebeneinander auf dem Gelände der alten Gutsanlage Mölschow. Das kleine Freilichtmuseum, in dem sich alles um Leben und Arbeit auf einem Bauernhof zu Großmutters Zeiten dreht, ist etwa einen Kilometer entfernt auf der anderen Seite der Bahnschienen am Ortsausgang.

Wo Sie mit Ihrer Besichtigung beginnen, ist im Grunde egal. Bei schlechtem Wetter sollten Sie für die bäuerliche Ausstellung aber am besten eine Regenpause abwarten, weil Sie sonst einen sturmsicheren Regenschirm brauchen: Ein Teil ist nämlich unter freiem Himmel. Eine Familien-Kombi-Eintrittskarte für das ganze Projekt können Sie überall kaufen.

Wir stürzen uns sofort hinein in den grenzübergreifenden **Jugendhandwerkerhof**. Sein Hauptziel ist die Annährung von deutschen und polnischen Jugendlichen, unter anderem durch die Vermittlung von Praktikumsplätzen. Daher stammt das „grenzübergreifend" im Namen. Die Schauhandwerker sind aber keine Jugendlichen und auch ältere Semester dürfen die vorgeführten alten Handwerkstechniken gerne ausprobieren. Weil sich das Angebot aber vor allem an Kinder und Jugendliche richtet, sind Familien hier goldrichtig. An verschiedenen Plätzen wird unter Anleitung gefilzt, getöpfert, gesponnen, gewoben, gefaltet, geknüpft und gemalt. Das ist was für unsere Tochter! Im Laufe des Tages arbeitet sie sich von einem Tisch zum anderen durch. Wenn Platz ist, können die Besucher nämlich gerne einsteigen und gegen einen kleinen Unkostenbeitrag ihr eigenes Kunstwerk anfertigen und mit nach Hause nehmen. Unser Sohn ist dafür nicht so zu begeistern. „Oh guckt mal, die arbeiten mit Speckstein! Wie gefällt dir das?" „Gut." „Willst du das auch mal machen?" „Nein." Das Wort „Speckstein" lässt sich in diesem Dialog durch jede beliebige andere Handwerkskunst ersetzen. Die Antwort bleibt dieselbe. Okay. Ist ja nur ein Angebot. Wie gut, dass es im **Kulturhof** gleich nebenan mehrere Ausstellungen gibt. Gleich zu

Beginn eine mit Gebäude-Modellen aus der Umgebung. Maßstabsgetreu ist da zum Beispiel das Wolgaster Rathaus nachgebaut. Ein Stück weiter, tiefer hinein in die Räume, kann man eine Modelleisenbahn für 50 Cent auf die Reise schicken. Im oberen Stockwerk warten interessante Ausstellungsstücke zur maritimen Geschichte der Region. Dort begegnen uns auch die so typischen Zeesenboote mit ihren braunen Segeln (s. auch Kapitel 46). Das findet mein Sohn schon ungleich spannender. Vor allem, weil man dort sogar lernen kann, wie ein echter Seemannsknoten geknüpft wird – und eine Strickleiter. Ein Wissen, das später vielleicht irgendwann mal von großem Nutzen sein kann. Wer weiß. Seine Schwester bekommt von all dem natürlich nichts mit. Sie ist zwar mittlerweile auch im alten Gutshaus gelandet, aber nur, weil in einem Raum Seidentücher bemalt werden können. Der letzte freie Platz ist ihrer. Weil das jetzt

Junge Künstlerin im Gutshaus

dauert, bis das Tuch fix und fertig ist, haben wir Zeit für eine Kaffeepause mit hausgebackenem Kuchen. Mit etwas sanfter Gewalt klemmen wir uns anschließend unsere Künstlerin unter den Arm und besuchen das **landwirtschaftliche Schaugelände** am Ortsrand von Mölschow. Dort wird im ehemaligen Schweinestall das bäuerliche Leben wieder lebendig, mit Treckern und jeder Menge alten Möbeln, Haushalts- und Arbeitsgeräten. Im Außengelände gibt es mit Esel, Schaf und Ziege nicht nur Tiere zu bestaunen, sondern auch die eine oder andere Anregung für Hobbygärtner. Wie wär's im nächsten Sommer mit einer Kräuterspirale, einem neuen Gewächshaus oder gar einem unterirdischen „Gartenkühlschrank"? Wer sich danach noch nicht trennen mag, weil zum Beispiel keine Zeit mehr war, um einen Weidenkorb zu flechten: Im Jugendhandwerkerdorf stehen 30 Betten zur Übernachtung bereit.

i

Kulturhof, Jugendhandwerkerhof & Landwirtschaftlicher Erlebnisbereich
Trassenheider Straße 7, 17449 Mölschow

Wie kommt man hin?

ÖPNV:	Mit der Usedomer Bäderbahn bis Bhf Mölschow.	
PKW:	B 111 über Wolgast auf die Insel Usedom, Richtung Zinnowitz.	
Geöffnet:	Mai bis Oktober	
	montags bis freitags	10.00 – 18.00 Uhr
	samstags und sonntags	11.00 – 18.00 Uhr
	November bis April	
	montags bis freitags	10.00 – 16.00 Uhr
	samstags nach Vereinbarung	
	Der Landwirtschaftliche Erlebnisbereich ist von November bis April geschlossen	
Infos:	Telefon 03 83 77/3 99-0, www.usedom-aktiv.de;	

Tipp:
Von Mölschow ist es nicht weit bis zur *Schmetterlingsfarm* nach *Trassenheide*. Wer sich nicht richtig warmgearbeitet hat, kann dort in subtropischem Klima auf 5 000 Quadratmetern schwitzen und die schönsten Falter aus aller Welt bewundern (www.schmetterlingsfarm.de/usedom).

Kartentipp:
1 : 75 000 Usedom, Wollin (Verlag grünes herz)

Von Ameisenlöwen, elf Räubern und sprechenden Steinen 42

Ungewöhnliche Begegnungen am Gesteinsgarten

Können Steine reden, und wenn ja: in welcher Sprache? Gibt's auf Usedom Räuberbanden? Und: Wie gefährlich sind eigentlich Ameisenlöwen? Vier lebenswichtige Fragen, die wir seit unserem Ausflug rund um das **Forstamt Neu Pudagla** spielend beantworten können. Und sogar noch einige andere mehr. Da wird der Spaziergang durch den Gesteinsgarten in **Ückeritz** und durch das Waldkabinett zu einer echten Familienbildungsreise. Und die ist auch noch kostenlos! Besser geht's nicht.

Doch der Reihe nach: Die Tour beginnt im Wald auf dem Parkplatz links vor dem Forstamt Neu Pudagla. Rechts vom Forsthaus liegt gleich hinter dem Waldkabinett der Eingang zum **Gesteinsgarten**. 140 zum Teil riesige Steine zeigt das Gemeinschaftsprojekt von Uni Greifswald und Landesforstverwaltung. Alle sind durchnummeriert und jeder erzählt seine eigene Geschichte. Auf schön geschwungenen Wegen kann man ihnen „lauschen". Sie sind buchstäblich steinalt und haben einen weiten Weg hinter sich. Die letzte Eiszeit hat die meisten von ihnen quasi aus Skandinavien „entführt" und in Mecklenburg-Vorpommern „ausgesetzt". Von der Nummerierung sollten Sie sich dabei nicht verwirren lassen: Los geht's mit der Nummer 100. Wer alle Wege abwandert, hat aber dennoch alle 140 Steine gesehen.

Nummer 100 ist für die Kinder bereits die erste Attraktion: ein 1,6 Milliarden Jahre alter Granitriese aus Finnland, der 8,4 Tonnen wiegt. „Also etwa so viel wie du", sagt meine Tochter charmant zu ihrem kleinen Bruder. Dennoch turnen sie einträchtig auf diesem Stein-Greis herum. Für sie ist der Gesteinsgarten nämlich ein einziger Kletterpfad. Dabei sehen diese Riesen nicht nur je nach Gesteinsart völlig unterschiedlich aus, sie fühlen sich auch ganz verschieden an.

Einer hat es meiner Tochter ganz besonders angetan: Nummer 57, ein Amphibolit aus Skandinavien, Alter unbekannt. „Pscht! Er erzählt mir gerade was", sagt sie und hält ihr Ohr an ihren neuen Freund. „Was spricht er denn?", würd' ich gern wissen. Schließlich verraten uns die Schilder nicht, welches skandinavische Land denn nun genau seine Heimat ist. „Schwedisch" antwortet sie und guckt, als würd' sie sagen: „Na, beweis mir mal das Gegenteil!"

Sehr fantasieanregend ist auch das „Insektenhotel" am Wegesrand. Vor allem mein Mann macht sich da so seine Gedanken: „Die werden da ja nicht nur Einzel- und Doppelzimmer brauchen", sinniert er, „sondern auch ganz viele große Gruppenzimmer. Wenn zum Beispiel ein Wespenschwarm eincheckt." Schon galoppiert's zur Freude der Kinder mit ihm davon: „Am spannendsten ist aber sicher der Wellnessbereich." Detailgetreu schildert er, wie sich ein Ohrenkneifer von einer Stinkwanze durchkneten lässt. Als er unten das Schild mit

Zimmer frei im „Insektenhotel"?

der Aufschrift „Achtung: Ameisenlöwen. Nicht zertreten!" liest, ist es vollends vorbei mit den ernsthaften Studien: „Wahrscheinlich ist das der Zoo zur Unterhaltung der Insekten", spekuliert er. Für genügend hochgeistigen Gesprächsstoff unterwegs ist also gesorgt.

Natürlich wissen wir, dass ein Insektenhotel mit unterschiedlichen Baustoffen wie Ziegelsteinen und Brombeergeäst möglichst vielen Insekten einen Lebensraum bieten soll.

Aber was bitte schön ist ein Ameisenlöwe? Ist der gefährlich? Müssen wir nun um Leib und Leben zittern?

Da sind wir dann auch schon bei der Frage nach der Räuberbande. Zumindest darauf gibt es im **Waldkabinett** eine Antwort. Die Ausstellung informiert sehr anschaulich über Flora und Fauna auf Usedom und zeigt im Obergeschoss auch die elf (präparierten) Räuber der beliebten Urlaubsinsel: Fuchs, Marderhund, Waschbär, Steinmarder, Nerz, Fischotter, Hermelin, Mauswiesel, Baummarder, Dachs und Iltis. Wir sind verwirrt: Der Ameisenlöwe ist nicht dabei!

Als wir das zu Hause nochmal nachlesen, ahnen wir warum: Der Ameisenlöwe ist die etwa ein Zentimeter große Larve der seltenen Nachtlibelle, der „gefleckten Ameisenjungfer". Die zu präparieren und im Waldkabinett als zwölften Räuber auszustellen, wäre eine echte Herausforderung gewesen. Obwohl die Larve etwas mehr Aufmerksamkeit durchaus verdient hätte, denn sie beherrscht eine fiese Jagdtechnik: Sie baut im losen Erdreich trichterförmige Vertiefungen, durch die verirrte Ameisen den Larven quasi direkt ins Maul marschieren.

Wem nach so viel naturwissenschaftlichen Herausforderungen der Sinn nach Kunst steht, der sollte anschließend unbedingt **Lüttenort** besuchen: Hierhin hat sich der 1984 verstorbene Maler *Otto Niemeyer-Holstein* von 1933 bis 1945 vor den Nazis zurückgezogen. Sein Haus – seit 1985 Museum – steht wunderschön an der schmalsten Stelle der Insel, direkt zwischen dem idyllischen Achterwasser und der Ostsee. Bei einer Führung durch sein Atelier ist sogar noch ein unvollendetes Selbstbildnis des Malers zu sehen. Und in dem herrlichen Garten voller Skulpturen ist man wahrlich versucht, den Rest der Welt ganz einfach zu vergessen.

i

Forstamt Neu Pudagla
17459 Seebad Ückeritz

Wie kommt man hin?

ÖPNV:	Mit der Usedomer Bäderbahn bis Seebad Ückeritz, von dort ein Stück der B 111 in Richtung Bansin folgen, bis der Weg zum Forstamt rechts von der Hauptstraße abzweigt.
PKW:	B 111 über Zinnowitz, Richtung Bansin. Kurz hinter Ückeritz rechts ab nach Forstamt Neu Pudagla.
Infos:	Telefon 03 83 75/29 11-0, Fax -37, www.forstamt-neupudagla.m-vp.de;

Waldkabinett am Forstamt Neu Pudagla

Führungen:	montags bis freitags	8.00 – 15.30 Uhr

Atelier Otto Niemeyer-Holstein
Lüttenort/Usedom, 17459 Ostseebad Koserow

Wie kommt man hin?

Rad:	Rad-/Wanderweg auf dem Ostseedeich, am „Sturmflutdenkmal“ abbiegen zum Forsthaus Damerow.
PKW:	B 111 von Zinnowitz Richtung Bansin. Kurz vor Koserow geht es rechts ab Richtung Forsthaus Damerow. Vom Parkplatz ist der Weg ausgeschildert.
Infos:	Telefon 03 83 75/2 02 13, Fax /2 20 05, www.atelier-otto-niemeyer-holstein.de;

Tipps:
So lebhaft Usedoms Kaiserbäder sind, so still ist immer noch sein Achterwasser. Das mehr als 900 Jahre alte Fischerdorf *Loddin* lockt beispielsweise mit schönen Reetdachhäusern und einer acht Meter hohen Steilküste, an der man wundervoll entlangspazieren kann.

Romantik pur sind *Bootsfahrten* über das Achterwasser – zum Beispiel vom Hafen Stagnieß aus.

Kartentipp:
1 : 75 000 Usedom, Wollin (Verlag grünes herz)

Sag mir doch, wie alt du bist!

Mit den Rädern zu Usedoms Kaiserbädern

Zugegeben: „Drei auf einen Streich" klingt zunächst nicht besonders beeindruckend. Schließlich hat das tapfere Schneiderlein spielend sieben geschafft. Aber das waren ja auch nur Fliegen! Dagegen sind drei Ostseebäder auf einer Fahrradtour schon eine beachtliche sportliche Leistung. Doch keine Sorge: Ähnlich wie das Schneiderlein im Grimmschen Märchen stapeln wir dabei auch ein ganz klein wenig hoch, denn die Kaiserbäder Bansin, Heringsdorf und Ahlbeck gehen nahtlos ineinander über. Und weil so gerade mal acht Kilometer Fahrstrecke zusammenkommen, beginnt unsere Fahrradtour auch ein gutes Stück weiter nördlich im idyllischen Kölpinsee. So werden's insgesamt etwa 17 abwechslungsreichere Kilometer, von denen der erste Teil der Strecke mitten durch einen Wald führt. Er ist nicht ganz leicht zu radeln, denn es geht stetig bergauf und bergab. Für kleine Fahranfänger ist das also nichts. Sie sollten die Tour einfach ein wenig später in Bansin beginnen. Für „Fahrradprofis" wird die Berg- und Talfahrt dagegen zu einem wahren Mountainbike-Abenteuer. Wo es zu steil ist: absteigen, ein Stückchen schieben – und sich schon mal auf die rasante Abfahrt freuen. Manche ist allerdings mit 16 Prozent so steil, dass auch hier schieben sicherer ist.

Weil Usedom – wie Rügen – eine echte Fahrrad-Insel ist, gibt's quasi an jeder Ecke einen Fahrradverleih. Größter Anbieter ist die Firma „Oberländer", die zwischen Greifswald und Swinemünde in Polen an 20 Stützpunkten Räder aller Größen verleiht. Das hat einen Riesenvorteil: Sie können sich ein Fahrrad an einem Ort ausleihen und es an einem anderen wieder abgeben. Sie müssen also nicht an den Ausgangspunkt zurück. Einer dieser Stützpunkte ist in **Kölpinsee**. Und egal, ob Sie schon in Bansin oder erst in Ahlbeck vom Rad steigen wollen oder am Ende gar Lust haben, die 17 Kilometer vielleicht doch wieder zurückzuradeln: Sie können unterwegs entscheiden, wo Sie das Fahrrad zurückgeben möchten.

Ob mit dem Mietrad oder dem eigenen Drahtesel: Los geht's ganz idyllisch direkt am Kölpinsee. Er ist nur durch einen schmalen Landweg vom Ostseestrand getrennt. Wenn Sie die Straße in den Ort hinein in Richtung Strandbad radeln, führt der Weg zu den Kaiserbädern direkt am See vorbei rechts herum. Vor dem Abbiegen lohnt es sich nochmal, die Bremse zu ziehen, denn am Seeufer ist ein kleiner Spielplatz und ein Verkaufsstand, an dem es schon von Weitem verführerisch nach Waffeln und Crêpes duftet.

Das Meer rauscht zwar während der ganzen Strecke nicht weit entfernt auf Ihrer linken Seite, bis kurz vor Bansin werden Sie es aber nicht zu Gesicht bekommen. Wenn Sie es noch mal sehen wollen: einfach links abbiegen. Auch rechts herum lohnt sich in Kölpinsee ein

Pause am Strand vor Ahlbecks schöner Seebrücke

kleiner Schlenker ab vom Weg, denn das Seeufer lockt mit schönen Picknick-Ecken. Da können Sie noch mal in Ruhe durchatmen, denn anschließend geht es hinein in den Wald mit den atem(be)raubenden Auf- und Abfahrten.

Folgen Sie der Wegweisung nach **Ückeritz**. Dieses Seebad hat einen ganz eigenen Charme. Mit seinen farbenfrohen nordischen Holzhäusern fühlt man sich glatt nach Skandinavien versetzt!

Weil hier Usedom ganz schmal ist, hat Ückeritz zwei Wasserseiten: oben die Ostsee, unten das Achterwasser. Gar nicht weit ist es von hier übrigens zum *Gesteinsgarten* (s. Kapitel 42).

Hinter Ückeritz beginnt ein Kuriosum: der *Naturcampingplatz „Am Strand"*, durch den nun auf 4,5 Kilometern mitten hindurch der Radweg führt – tiefe Einblicke ins Camperleben inklusive. An seinem Ende beginnt wieder eine Berg- und Talfahrt. Doch nun ist es nicht mehr weit und der dunkle Wald mündet in der strahlendweißen „Bergstraße" von **Bansin**. Kurz vorher wird der Blick vom „Langen Berg" endlich wieder auf das Meer frei.

Bansin ist das kleinste und jüngste von Usedoms Kaiserbädern, in denen es sich so hübsch, so mondän und so majestätisch „urlauben" lässt. Ab hier geht die Fahrradtour ganz bequem und ganz gemütlich weiter, direkt an der Strandpromenade entlang. Dafür biegen Sie bei der nächsten Gelegenheit einfach links ab von der „Bergstraße". Geradeaus müssten Sie nämlich an den schönen, weißen Villen vorbeischieben, denn in Richtung Heringsdorf ist erst mal Einbahnstraße.

Wer jetzt eine kleine Pause braucht, sollte einen Abstecher zum **Tropenhaus Bansin** machen. Dafür geht es rechts ab von der Strandpromenade in die „Seestraße". Der weitere Weg ist ausgeschildert. Das kleine, aber feine tropische Paradies zeigt rund 150 exotische Tier- und Pflanzenarten. Da bleibt Muße, die einzelnen Bewohner ganz genau unter die Lupe zu nehmen. Zum Beispiel die Albino-Tigerpython, die in Indien lebt, bis zu acht Meter lang wird und ganz gelb ist. „Oh, eine Schlange in meiner Lieblingsfarbe!" Meine Tochter ist begeistert. Oder das Weißpinseläffchen, das sich gleich am Eingang so munter durch die Vogel-Voliere hangelt: „Sieht aus wie Pippi Langstrumpfs Herr Nielson", findet mein Sohn. Außerdem zu bewundern sind beispielsweise Brillenkaimane, Schildkröten, Waschbären, Geckos und natürlich die Ziegen im Streichelzoo.

Von der Bansiner Seebrücke bis nach **Heringsdorf** sind es nur rund drei Kilometer immer schön am Strand entlang. Wenn Sie Ihren Kindern noch eine kleine Pause und eine große Freude gönnen wollen: Am Ortseingang liegt ein *Piraten-Abenteuerspielplatz.*

Der Name lässt es zwar nicht vermuten, aber Heringsdorf ist tatsächlich das mondänste der Kaiserbäder. Die Villen entlang der Uferpromenade sind hier noch ein wenig eleganter, ihre Veranden noch ein wenig prunkvoller geschnitzt und die weißen Fassaden scheinen noch ein wenig makelloser zu strahlen. Hätte Friedrich Wilhelm III. das geahnt, er hätte sich im Jahre 1846 bestimmt doch ein wenig mehr Mühe gegeben, einen passenden Namen für den kleinen Fischerort zu finden. Aber er sah nur auf die Fischer, die Heringe und die Salzer am Strand und nannte es etwas einfallsarm „Heringsdorf". Soweit die Legende.

Keine 50 Jahre später reichte dort die schönste Seebrücke an der deutschen Küste 500 Meter hinein ins Meer: die „Kaiser-Wilhelm-Brücke" mit ihren wundervollen Türmchen. Leider war es 1958 vorbei mit der Pracht, denn die Brücke brannte nieder. Seit 1995 hat Heringsdorf nun eine neue. Und die ist mit 508 Metern Kontinentaleuropas längste **Seebrücke.** Von dort – wie von den anderen Seebrücken Usedoms auch – fahren Schiffe nach Polen, Dänemark und Rügen.

Heringsdorfs Seebrücke ist eine echte Flaniermeile: Neben Geschäften gibt es ein *Wachsfigurenkabinett* und ein *Muschelmuseum* und weit draußen im Meer lässt es sich unter dem Pyramidendach stilvoll abwarten – und Tee trinken.

Das Ziel der Tour kann man von hier übrigens schon sehen: Die Seebrücke von **Ahlbeck**, gemeinsam mit der *Selliner Seebrücke* auf Rügen, bestimmt die schönstmögliche Anlegestelle für ein Seebäderschiff. 1899 wurde der Gründerzeitbau anmutig auf Stelzen mitten hineingestellt in die Ostseewellen und ist heute Deutschlands älteste Seebrücke. Unter den stolzen Türmen befindet sich ein Restaurant. Dahinter geht es noch 280 Meter trockenen Fußes hinein in die Ostsee. Wenn man von dort nach rechts blickt, sieht man bereits Polen, denn gleich hinter Ahlbeck ist Deutschland zu Ende. Frisch durchgepustet geht es von Ahlbeck – mit oder ohne Rad – zurück nach Kölpinsee mit der Usedomer Bäderbahn. Sie fährt in der Saison alle halbe Stunde von Ahlbeck über Zinnowitz und Wolgast bis nach Stralsund und hält unterwegs an vielen Orten der Insel.

i

Wie kommt man nach Kölpinsee?

ÖPNV:	Mit der Usedomer Bäderbahn aus Richtung Ahlbeck oder Zinnowitz.
PKW:	Über Wolgast und die Peenebrücke oder über Anklam und die Zecheriner Brücke. Kölpinsee liegt direkt an der B 111.

Kurverwaltung Kölpinsee
„Haus des Gastes", Strandstraße 23, 17459 Seebad Loddin

Infos:	Telefon 03 83 75/2 06 12, info@seebad-loddin.de, www.seebad-koelpinsee.de;

Fahrradverleih Oberländer
Neuhofer Straße 38, 17424 Heringsdorf

Infos:	Telefon 03 83 78/3 16 84, Fax /2 91 46, verleih-service@t-online.de;

Kurverwaltung Seebad Ückeritz
Bäderstraße 5, 17459 Seebad Ückeritz

Infos:	Telefon 03 83 75/2 52-0, Fax -18, kv.ueckeritz@t-online.de, www.ueckeritz.de;

Tropenhaus Bansin
Goethestraße 10, 17429 Seebad Bansin

Geöffnet:	April bis Oktober	10.00 – 18.00 Uhr
	November bis März	10.00 – 16.00 Uhr
Infos:	Telefon 03 83 78/2 54-0, Fax -99, tropenhaus-bansin@t-online.de, www.tropenhaus-bansin.de;	

Tipps:
Die Info-Adressen zu den drei Kaiserbädern finden Sie unter den Strandbädern der Insel Usedom.

Wenn Sie ungewöhnliche Souvenirs mögen: Für ein paar Cent können Sie im Tropenhaus Bansin zum Beispiel Lotuskolben aus Südostasien oder eine Buddha-Nuss aus Indien kaufen.

Kartentipp:

1 : 30 000	Heringsdorf, Ahlbeck, Bansin (Verlag grünes herz)

Von Usedom zur Ruine der Karniner Eisenbahnbrücke

Wahrhaft wundervolle Ruinen gibt es im östlichsten Teil Mecklenburg-Vorpommerns zu bestaunen (s. auch Kapitel 36 und 53). Eine davon ist der Rest der ehemaligen **Eisenbahnhubbrücke Karnin**. Wäre sie – wie 1990 ursprünglich geplant – einfach abgerissen worden, hätte der Region rund um die kleine Stadt **Usedom** am südöstlichen Ende der Insel die Haupttouristenattraktion gefehlt und ein gutes Stück Geschichte.

Unser Ausflug zu einem der interessantesten technischen Denkmäler des Landes beginnt in der kleinen Stadt **Usedom**, die der Urlaubsinsel ihren Namen gab. Die lockt vor allem mit drei Bauwerken: mit dem *Anklamer Tor* im Südwesten und mit dem *Rathaus* und der *Marienkirche* im Zentrum. Das Anklamer Tor ist ein Backsteinbau aus dem 15. Jahrhundert. In ihm war zeitweise – wie im Stadttor der Stadt Anklam übrigens auch (s. Kapitel 50) – das Gefängnis untergebracht. Heute beherbergt es die **Heimatstube**.

Der historische **Marktplatz** mit dem Ensemble aus backsteinroter Marienkirche und fliederfarbenem Rathaus ist hübsch hergerichtet. Von dort ist es nicht weit zum **Schlossberg**. Folgen Sie einfach dem Wegweiser. An der Stelle stand früher eine herzogliche Burg, von der nach dem großen Stadtbrand 1477 aber nur Ruinen übrig blieben. Seit 1928 erinnert dort ein großes Kreuz an die Christianisierung der Region, die nun beinahe 900 Jahre zurückliegt. Berg und Gedenkkreuz sind heute gras- und löwenzahnumwuchert. Durch die

Die Zeit steht still im Karniner Bahnhof

Vegetationslücken hindurch hat man von oben einen schönen Blick auf die Altstadt und auf den *Usedomer See*. Auf der Rückseite des Schlossberges lockt ein Spielplatz.

Knapp fünf Kilometer sind es von Usedom nach Karnin. Wer diesen Weg mit dem Fahrrad zurücklegen möchte, für den gibt es am Ende der Tour noch einen besonderen Tipp, denn zwischen den Landzungen *Westklüne* und *Ostklüne* an den südlichen Ufern des Usedomer Sees verkehrt eine klitzekleine Ruderfähre, die den Ausflug nicht nur für die Kinder fast schon zu einem Abenteuer machen wird. Fahrräder dafür können Sie sich in Usedom auch ausleihen (Infos über die Stadtinformation, s. Info-Teil).

Nach etwa der Hälfte der Strecke weist links ein Schild den Weg nach Westklüne. Er ist 1,3 Kilometer lang. Das ist genau die Stelle, die sich Fahrradfahrer für die Rückfahrt schon mal merken sollten.

In **Mönchow**, kurz vor Karnin, lohnt direkt gegenüber der Kirche ein Blick auf den Friedhof rechter Hand: Hier thront am Ende düster das Mausoleum der Familie Dannenfeld. 1891 ließ es der wohlhabende Bauer Carl Dannenfeld für 25 000 Mark vom Swinemünder Maurermeister Pistorius errichten.

Wenn ein kleines Stückchen weiter links der alte **Lotsenturm** auftaucht, haben Sie **Karnin** erreicht. Der Turm ist 21,60 Meter hoch und wurde 1938 gebaut, damit die Lotsen, die den Schiffverkehr zwischen der Peene und der Hubbrücke regelten, dort übernachten konnten. Am Lotsenturm vorbei führt der Weg zum Gasthaus „Haffschänke" und zum Fährhafen von Karnin. Ab hier fährt eine Personen- und Fahrradfähre bis nach Kamp auf dem Festland. Von dort aus hat man auch einen herrlichen Blick auf die Reste der Hubbrücke und auf die Insel Usedom. Zunächst sollten Sie sich aber die Brückenreste von Karnin aus ansehen. Dazu lassen Sie den Lotsenturm von der Straße aus gesehen links liegen und fahren noch ein kleines Stückchen weiter, bis Ihnen ein Schild nach links den Weg zum Zollhafen des Ortes weist. Auch er liegt sehr idyllisch. Attraktion für die Kinder ist ein Spielplatz zwischen Hafenbecken und Parkplätzen.

Von hier sehen Sie dann die Reste der historischen Eisenbahnbrücke im Wasser stehen.

Seit 1876 verband eine alte Drehbrücke die Insel per Schiene mit dem Festland. Um sie zu ersetzen, wurde von 1932 bis 1934 die **Eisenbahnhubbrücke Karnin** gebaut. 360 Meter lang zog sie sich über das Stettiner Haff und war damals die modernste Eisenbahnbrücke Europas und die schnellste Eisenbahndirektverbindung zwischen der Hauptstadt Berlin und der Ostsee. Durch das Hubteil gab es keine Beeinträchtigung des Schiffverkehrs mehr und die Züge konnten mit einer Geschwindigkeit von 100 Stundenkilometern über die Brücke rasen. Vorher waren nur 45 Stundenkilometer möglich. Kurz vor

Die Reste der ehemaligen Eisenbahnhubbrücke

Kriegsende wurde die Brücke am 29. April 1945 von der Wehrmacht auf dem Rückzug gesprengt. Nur das Hubteil blieb stehen. Anfang der 1950er Jahre wurden die Trümmer geborgen. Für einen Wiederaufbau fehlte aber immer das Geld. 1990 war die Geschichte der Karniner Brücke dann beinahe ganz zu Ende: Auch die Reste sollten nun gesprengt werden. Das scheiterte aber am Widerstand der Bevölkerung und so wurde der imposante Brückenrest am 7. Juni

1990 unter Denkmalschutz gestellt. Jedes Jahr zieht er nun Tausende von Besuchern an.

Wie übrigens auch der alte Karniner Bahnhof. 1998 wurde er restauriert und wieder eröffnet. Er ist Eigentum des Vereins „Usedomer Eisenbahnfreunde“ und informiert mit einer interessanten Ausstellung über die Geschichte von Bahnhof und Hubbrücke. Davor parken historische Eisenbahnwagons, die nun ebenfalls Stück für Stück restauriert werden. Im Gebäude untergebracht ist das „Hubbrücken-Café“. Fernes Ziel des Vereins ist der Wiederaufbau der alten Bahnlinie über die Karniner Brücke vom Festland auf die Insel Usedom.

Wer mit dem Fahrrad wieder zurück nach Usedom möchte und nicht den gleichen Weg nehmen will, sollte auf der Rückfahrt Richtung *Westklüne* abbiegen. Nach 1,3 Kilometern erwartet Sie dort in der Saison mit großer Wahrscheinlichkeit ein Mecklenburger Kuriosum: eine kleine, nicht wirklich offizielle Fährverbindung zwischen West- und Ostklüne. Mit einem Ruderboot können Sie sich dort inklusive der Räder übersetzen lassen. Der Weg führt Sie dann auf der anderen Seite des Usedomer Sees herum zurück nach Usedom.

Wie kommt man nach Usedom?

ÖPNV: Mit dem Bus von Anklam oder mit der Usedomer Bäderbahn über Wolgast.

PKW: Von Anklam über die B 110 und über die Zecheriner Brücke.

Stadtinformation Usedom
„Klaus Bahlsen Haus“, Bäderstraße 5, 17406 Usedom

Infos: Telefon 03 83 72/7 08 90, Fax /7 10 72, stadtinfo.usedom@t-online.de, www.stadtinfo-usedom.de;

Haffschänke
Dorfstraße 19, 17406 Karnin

Infos: Telefon 03 83 72/7 03 75

Personenfähre zwischen Kamp und Karnin
Dorfstraße, 17406 Karnin/Usedom

Betrieb: Mai bis September 11.00 – 17.00 Uhr

Infos: Telefon 01 77/2 83 45 04 (Christof Reimann)

Denkmal-Ensemble Karnin
Hubbrücke und historischer Bahnhof, Dorfstraße 12,
17406 Karnin

Infos: Telefon 03 83 72/7 14 46, Fax /7 61 38, usedom-eisenbahnfreunde@t-online.de, www.usedomer-eisenbahnfreunde.de;

Tipps:

Vom Zoll- und vom Fährhafen Karnin starten verschiedene *Schiffstouren*. Bei einer Brückenfahrt können Sie z. B. der Hubbrücke auf dem Wasserweg ganz nahe kommen (Infos über die Personenfähre Kamp-Karnin, s. oben).

Wenn Sie die Insel Usedom mit dem Auto über die Zecheriner Brücke Richtung Anklam verlassen, achten Sie auf den kleinen *Naturkostladen* mit regionalen Produkten in einer Scheune rechts neben der B 110 in *Libnow*: Mit etwas Glück können Sie dort auch blaue Kartoffeln kaufen!

Kartentipp:

1 : 30 000 Lieper Winkel und Usedom (Verlag grünes herz)

Anzeige

USEDOM – Die Inselstadt

Fremdenverkehrsverein
der Stadt Usedom e. V.
Bäderstraße 5 (Klaus Bahlsen Haus)
17406 Usedom

Stadtinformation
Tel.: (03 83 72) 7 08 90
Fax: (03 83 72) 7 10 72
E-Mail: stadtinfo.usedom@t-online.de

Im Schatten der mondänen Bäder

Okay: Ein echtes Strandbad ist **Lassan** natürlich nicht. Wer aber ganz nahe der Sonneninsel Usedom preisgünstiger einen Familienurlaub am Wasser machen möchte, sollte den kleinen Ort am Rande des Peenestroms direkt gegenüber des *Lieper Winkels* der Insel Usedom durchaus auf dem Zettel haben. In der Lassaner Bucht gibt es eine *Badestelle*, einen *Naturcampingplatz*, ganz in der Nähe ein *Streichelgehege* und rundherum schöne, idyllische *Badeseen*. Und bis nach Usedom sind es nur ein paar Kilometer. Wer mag, kann sich am Hafen ein Boot mieten und zwischen Peenestrom und Achterwasser Usedom von seiner stillen Seite her erkunden. Boote mit bis zu 5 PS sind übrigens führerscheinfrei.

i

Wie kommt man nach Lassan?

ÖPNV:	Mit dem Bus von Anklam oder Wolgast.
PKW:	Von Anklam ein Stück die B 110 hinauf Richtung Usedom. In Murchin links ab Richtung Lassan.

Fremdenverkehrsverein Lassan e. V.
Lange Straße 55/57, 17440 Lassan/Vorpommern

Infos:	Telefon 03 83 74/51 11, Fax /51 12, lassan@t-online.de, www.lassan.de;

Kartentipp:

1 : 30 000	Lieper Winkel und Usedom (Verlag grünes herz)

Ruhiger Urlaub am Stettiner Haff

Ueckermünde ist Deutschlands nordöstlichstes Strandbad. Von hier liegt Polen nicht viel mehr als einen beherzten Steinwurf weit entfernt. Still und beschaulich präsentiert sich der kleine Ort am Stettiner Haff und ist damit fast noch ein Geheimtipp für einen schönen, entspannten und preisgünstigen Familienurlaub. Hier, und im benachbarten *Mönkebude*, gibt es flache, feine, kinderfreundliche Haffbadestrände. Und rundherum jede Menge Natur. Das zeigt schon der Blick auf die Landkarte: Ueckermünde thront mitten im Grünen. Wer für den Trubel der berühmten Seebäder so gar nicht zu haben ist, findet hier sein Paradies. Abwechslung gibt es dennoch genug (s. Kapitel 51). Sehr schön ist beispielsweise der 1,8 Kilometer lange, fast schnurgerade Weg vom Hafen der Altstadt durch die Ueckerwiesen bis an den Haffbadestrand. Er führt über eine schöne, kleine Holländer-Holzbrücke aus dem Jahre 2004. Sie ist ein Nachbau der alten Ueckermünder Klappbrücke. Frischen Fisch wie Aal, Zander, Hecht und Barsch gibt es täglich frisch direkt vom Kutter am Fischereihafen und Küstenfischerromantik unter rotbraunen Segeln bei einer Zeesenbootfahrt über das Stettiner Haff. Zeesen heißen die Segelboote mit rotbraunen Segeln, mit denen im Bodden gefischt wurde.

Spielpause am Strand

Wie kommt man nach Ueckermünde?

ÖPNV: Mit der Bahn aus Richtung Pasewalk.

PKW: Von Anklam über die B 109 Richtung Süden. Kurz vor Ferdinandshof links ab Richtung Ueckermünde.

Touristik-Information Ueckermünde
Ueckerstraße 96, 17373 Ueckermünde

Infos: Telefon 03 97 71/2 84-84, Fax -87, info@ueckermuende.de, www.ueckermuende.de;

Fremdenverkehrverein „Mönkebude am Stettiner Haff" e. V.
Am Kamp 13, 17375 Mönkebude

Infos: Telefon/Fax 03 97 74/2 03 23, info@moenkebude.de, www.moenkebude.de;

Tipps:
Seit 2004 „dampft" die kleine *Bahn „Blauer Peter"* kreuz und quer durch Ueckermünde: zum Tierpark, zum Strand und wieder zurück durch die Altstadt. Da steigen nicht nur Kinder gerne ein.

Und wer seine Nase einmal in einen echten Kuhstall stecken möchte, ist auf dem *Bio-Erlebnisbauernhof „Haffküste"* genau richtig. Vor allem für Stadtkinder werden die geführten Rundgänge zu einem ganz besonderen Erlebnis (www.tierproduktion-haffkueste.de).

47 Schau mir in die Augen, Kleines!

Wo der Blauhals-Strauß balzt

Zugegeben: Der Besuch einer **Straußenfarm** kann für eingefleischte Vegetarier und eifrige kleine Tierfreunde schon ein mittelschwerer Balanceakt sein und führte deshalb in der Führungsspitze unserer Familie auch erst einmal zu Diskussionen. Schließlich werden diese anmutigen Laufvögel nicht etwa um ihrer schönen Augen willen gezüchtet, sondern weil ihr Fleisch ganz ausgezeichnet schmeckt. Und das merken selbst kleine Besucher allerspätestens an der Fleischtheke im zuchteigenen Gutsladen. Wie mögen unsere Sensibelchen darauf reagieren? Andererseits steht fest: Bis zur Fleischtheke haben Hahn und Henne auf **Gut Owstin** ein sorgenfreies, weil artgerechtes Leben – und das wiederum kann man von den meisten Schweinen, Rindern und Hähnchen nun wirklich nicht behaupten. So siegt die Neugierde und wir nehmen die Einladung, den Straußenzuchtbetrieb auf Gut Owstin zu besuchen, nur allzu gerne an. Während der Öffnungszeiten sind große und kleine Gäste ausdrücklich herzlich willkommen, um sich die riesigen Vögel mit den durchtrainierten Beinen in ihren weitläufigen Gehegen einmal ganz genau anzusehen. Wenn die dann am Zaun entlang eine kleine Kostprobe ihres Lauftalentes geben, ist das schon sehr beeindruckend. Und wenn sie stehen bleiben und neugierig die langen Hälse in Richtung Zaungast recken, können Besucher sich davon überzeugen, dass die Riesenvögel tatsächlich ungewöhnlich schöne braune Augen mit gaaanz langen Wimpern haben. So sanft wie sie aussehen, sind sie allerdings nicht immer: Ihr großer Zeh gilt als gefährliche Waffe.

Für uns gibt einer der vier Zuchthähne sogar eine Sondervorstellung: Er balzt! Keine Ahnung, wer von uns vieren nun die größte Ähnlichkeit mit einer attraktiven Straußendame hat, jedenfalls geht der Hahn-Gigant tatsächlich vor uns in die Knie. Dabei knicken seine Unterschenkel nicht nach hinten, sondern nach vorne und so haben wir genügend Zeit, seine roten „Schienbeine" ausgiebig zu bewundern. Die sind übrigens das sichtbare Signal dafür, dass der Hahn geschlechtsreif ist. Elegant breitet er die schwarzen Flügel mit den weißen Spitzen aus und schlägt seinen schönen Kopf rhythmisch von einer Flügelseite auf die andere. Mein Sohn ist davon ganz fasziniert und beherrscht seitdem den Balztanz der Strauße aus dem Effeff. Wer weiß, wofür das einmal gut sein wird. Nicht nur bei uns, auch bei den Hennen kommt des Hahnes Werbung offensichtlich sehr gut an, denn jede legt im Jahr im Durchschnitt 80 Eier, eins so groß wie 25 Hühnereier. Die werden in Brutschränken innerhalb von 42 Tagen ausgebrütet. So wimmelt es in den Gehegen auf Gut Owstin nur so vor kleinen Straußen in unterschiedlichen Größen. Im Sommer wachsen die Küken pro Tag einen ganzen Zentimeter. Mit 14 Monaten sind die Blauhälse schlachtreif und liefern dann pro Stück etwa 25

Kilogramm Fleisch. Zwischen 300 und 500 Tiere leben heute auf dem rund 300 Jahre alten Gut, das 1999 von einer niederrheinischen Unternehmerfamilie aufgekauft wurde. Bis dahin war das Gut ziemlich verfallen, seitdem geht der Aufbau zügig voran. Im Sommer 2001 zogen die ersten neun Strauße ein und legten den Grundstock zu einem neuen Wirtschaftszweig: Straußenfleisch „made in Mecklenburg-Vorpommern“. In Südafrika werden Strauße bereits seit Mitte des vergangenen Jahrhunderts auf Farmen gezüchtet. Bei uns in Deutschland sind Straußenzuchtbetriebe immer noch Exoten. Dabei fühlen sich die großen Tiere in unserem Klima durchaus wohl

Kennen wir uns?

(s. Kapitel 4, Tipp). Schließlich kann es auch in Afrika empfindlich kalt werden. Straußenfleisch findet man dagegen längst sogar in den Tiefkühltruhen von Lebensmittel-Discountern. Mit gutem Grund, denn seit BSE gilt das Fleisch dieser Vögel nicht nur als äußerst schmackhaft, sondern auch als sehr gesund. Es enthält wenig Fett und Cholesterin, dafür aber viel Eiweiß. Es ist ein perfektes Mittelding zwischen Rind- und Geflügelfleisch. Sieht aus wie Rind, schmeckt ähnlich gut, hat dabei aber alle Vorteile von Geflügelfleisch. An den großen Straußengehegen mögen diese Überlegungen vielleicht ein wenig unpassend wirken und auch am Straußenbaby-Kindergarten sollten Sie diese Gedanken vielleicht doch lieber erst mal zur Seite schieben. Schließlich sehen die kleinen Küken mit ihren dunklen Punkten und Streifen am langen Hals dazu viel zu niedlich aus. Im Gutsladen können Sie sich dann aber wieder daran erinnern und neben Staubwedeln aus Straußenfedern, Kuschelstraußen und Straußeneiern auch Straußensalami, -pfefferbeißer oder -leberwurst kaufen und einfach mal probieren. Auch ein Straußensteak oder -braten ist sicher eine willkommene Abwechslung in jeder Ferienwohnungsküche (Rezepte gibt's auf den Internetseiten der Straußenfarm). Dabei können Sie durchaus Überraschendes erleben: Unser Achtjähriger erwies sich zum Beispiel so gar nicht als Sensibelchen und wollte unbedingt wissen, wie das Fleisch der großen Läufer denn nun schmeckt. Na dann: Guten Appetit!

i

Straußenzuchtbetrieb Gut Owstin
17506 Owstin

Wie kommt man hin?

PKW:	A 20, Ausfahrt Gützkow, dann B 111 Richtung Wolgast/Insel Usedom. Hinter Gützkow rechts ab Richtung Anklam/Lüssow, nach etwa 2 km kurz vor Pentin rechts ab nach Owstin.	
Geöffnet:	*Laden*:	
	montags bis samstags	10.00 – 12.00 Uhr
	und	14.00 – 16.00 Uhr
Infos:	Telefon 03 83 53/6 68-43, Fax -45, info@gut-owstin.de, www.gut-owstin.de;	

Tipp:
Ein Besuch im Straußenzuchtbetrieb Gut Owstin lässt sich sehr gut mit Kapitel 48 verbinden, denn der *„Moorlehrpfad Peene-Flusstalmoor“* in *Pentin* ist kaum mehr als einen Steinwurf weit entfernt.

Zum Moorlehrpfad an die Peene nach Pentin

Nur ein Katzensprung ist es von Owstin (s. Kapitel 47) nach **Pentin**. Der kleine Ort liegt direkt an der Straße, die sich von Gützkow aus in Richtung Anklam parallel entlang des Flusses **Peene** durch die Landschaft schlängelt. Ein Abstecher ans Ufer dieses überraschend schönen Flusses lohnt sich immer, denn die Peene ist einer der letzten unverbauten Flüsse Deutschlands mit ungewöhnlich hoher Artenvielfalt. Mit 37 verschiedenen Fischarten gehört die Peene zu den fischreichsten Flüssen unseres Landes. Auch die Flora und Fauna entlang des Ufers ist einzigartig. Zum Beispiel bauen dort mittlerweile wieder so viele Biber ihre Burgen, dass ab Jamen sogar Kanu-Safaris angeboten werden – mit nahezu 100-prozentiger Biber-Trefferquote (s. Kapitel 49).

Einen interessanten Einblick in diesen Lebensraum bietet der kleine „**Moorlehrpfad Peene-Flusstalmoor**“ am Polder Pentin. Zufällig wird man ihn kaum entdecken, denn er liegt ganz versteckt am Ende des Dorfes. Wer ihn sucht, biegt rechts von der Straße in den kleinen Ort hinein, geht ganz hindurch und biegt am Ende wieder rechts ab in die „Peenestraße“ Richtung Fluss. Dann läuft man direkt auf den Eingang zum „Moorlehrpfad Pentin“ zu. Wer mit Fahrrad oder Auto kommt, sollte sein Gefährt am besten dort irgendwo abstellen.

So versteckt, wie er liegt, so ruhig und friedlich ist es dort auch. Vorbei an über zwei Meter hohen Schilfreihen und knorrigen Weiden geht es hinein in das größte zusammenhängende Niedermoorgebiet Mittel- und Westeuropas: in das Peenetalmoor. Es zieht sich vom Kummerower See im Westen bis zum Oderhaff im Osten an beiden Seiten der Peene entlang und gilt als Naturparadies. Dort brüten 150 Vogelarten, von denen rund ein Drittel auf der Roten Liste stehen und neben den Bibern haben dort auch Fischotter, Kraniche, Eisvogel und Seeadler ihren Lebensraum.

Üppig wuchert die Vegetation und Pflanzen wie die Sumpfgänsedistel überragen Wanderer spielend. Wilde Wicken winden sich an Baumstämmen hinauf und links und rechts gibt's immer wieder idyllische Ausblicke auf kleine Tümpel. Meine Kinder haben allerdings nur Augen für eine einzige Tierart, die sich hier ebenfalls ganz offensichtlich pudelwohl fühlt und so in Massen vorkommt: für den gemeinen Siebenpunkt-Marienkäfer. Er wird vom Weg vor unsichtbaren Gefahren gerettet und auf ausgestreckten kleinen Zeigefingern in die Luft gehoben. Vor allem mein Sohn verwandelt sich auf Schritt und Tritt mehr in eine Marienkäfer-Flugstation. So kommen wir nur langsam voran und haben alle Zeit der Welt, ausgiebig die üppige Natur zu bewundern und die Info-Tafeln des Lehrpfades zu lesen. Damit die wilden Wicken uns nicht als Rankhilfe

Idyll am Moorlehrpfad

benutzen, einigen wir uns schließlich auf einen einzigen schwarzgepunkteten Flugschüler zur Zeit. Doch auch das sichert nicht zwangsläufig ein forscheres Vorwärtskommen: „Wartet mal", ruft der Tower. „Mein Flugschüler ist gerade abgestürzt. Den muss ich jetzt suchen." Gut, dass der Moorlehrpfad kaum mehr als einen Kilometer lang ist. So erreichen wir schließlich doch noch sein idyllisches Ende: einen Seitenarm der Peene, auf dem Seerosen schwimmen, Ruderboote in der Sonne liegen und sich kleine Stege von winzigen Holzhütten aus einladend ins Wasser recken. Einfach schön. Noch ein kurzes Stückchen weiter und der Weg endet direkt auf einem kleinen, allerdings maroden Picknickplatz direkt am Ufer der Peene. Wer eine Decke dabei hat, kann es sich dort gemütlich machen und die Boote beobachten, die vorbeischippern. Von *Jarmen* und *Demmin* aus fahren Ausflugsdampfer, denen die Kinder zuwinken können – oder von denen ihnen zugewunken wird.

Wer nach diesem Abstecher an den „Amazonas des Nordens" – wie die Peene liebevoll genannt wird – noch nicht genug von schönen Aus- und Einblicken auf diesen Fluss hat, sollte unbedingt die Straße Richtung *Anklam* noch ein gutes Stückchen weiter fahren, und zwar bis nach **Quilow**. Der Ort an sich ist wenig spektakulär, obwohl Sie in der Ortsmitte ruhig nach links abbiegen und einen Blick auf sein zerfallendes altes *Wasserschloss* werfen können. Kurz nach der Ortseinfahrt, noch bevor sich der Straßenbelag von Asphalt in holpriges Kopfsteinpflaster ändert, geht es aber zunächst rechts ab Richtung „Fähre". Sie ist eine von vielen kleinen, schönen Überraschungen, die Mecklenburg-Vorpommern für seine Besucher bereithält. Zwischen Quilow und Stolpe bringt nämlich eine winzige Fähre Personen und Fahrräder von einem Peene-Ufer ans andere. Bis 1945 gab es zwischen dem Gut Stolpe und dem Wasserschloss Quilow eine feste Fährverbindung. Um zum Peene-Ufer zu gelangen, fahren Sie den Weg entlang, bis rechts ein Parkplatzschild erscheint. Dort stellen Sie Ihr Auto ab. Wenn Sie mit dem Fahrrad kommen, können Sie natürlich weiter in die Pedale treten. Schon sind Sie wieder mittendrin in einer wunderschönen Natur. Sie folgen einfach dem Kopfsteinpflasterweg. Der Weg mit dem Sackgassenschild bringt Sie zum Peene-Ufer und damit zur Fähre. Wenn sie am anderen Ufer in Stolpe liegt, müssen Sie rufen oder sich irgendwie anders bemerkbar machen. Für diese Zwecke hängt am Fähranleger auch eine Glocke. Die Fahrt über die Peene lohnt sich an dieser Stelle ganz besonders, denn auf der anderen Seite erwartet Sie mit dem **„Stolper Fährkrug"** ein lohnendes Ausflugsziel. Das 300 Jahre alte Gasthaus bietet frische, regionale Küche mit wunderschönem Peeneblick und Biergarten. Außerdem steht in Stolpe das älteste Bauwerk Mecklenburg-Vorpommerns: die Ruine des 1153 gegründeten *Klosters*. Besonders ausgezeichnet essen können Sie im Restaurant des Hotels *„Gutshaus Stolpe"*. Dort sorgt nämlich Sternekoch Renee Rischmeyer für das leibliche Wohl der Gäste. Stolpe ist natürlich nicht nur über die Fähre von Quilow aus erreichbar, sondern auch über die B 110 von Jarmen aus in Richtung Anklam.

Wie kommt man nach Pentin?

PKW:	A 20, Ausfahrt Gützkow, Richtung Lüssow/Anklam.

„Moorlehrpfad Peene-Flusstalmoor“
Polder Pentin

Infos:	„Stiftung Odermündung – Regionalverband für dauerhafte Entwicklung e. V.“: Telefon 0 39 71/21 33-60, Fax -61, som-anklam@t-online.de;

Stolper Fährkrug
Dorfstraße 25, 17391 Stolpe

Geöffnet:	Mai bis September täglich	ab 11.30 Uhr
	Oktober bis März	
	freitags bis montags	ab 11.30 Uhr
	April	
	donnerstags bis montags	ab 11.30 Uhr
Infos:	Telefon 03 97 21/5 22 25, Fax /5 50-99, www.gutshaus-stolpe.de;	

Gutshaus Stolpe
Hotel und Restaurant, Dorfstraße 37, 17391 Stolpe

Geöffnet:	dienstags bis sonntags	ab 19.00 Uhr
Infos:	Telefon 03 97 21/5 50-0, Fax -99, www.gutshaus-stolpe.de;	

Fahrrad- und Personenfähre
Quilow-Stolpe

Fahrzeiten:	täglich	10.00 – 21.00 Uhr
Infos:	über den Stolper Fährkrug (s. oben)	

An der Peene bauen Biber gerne ihre Burgen

Auf Safari mitten in Deutschland? Das klingt – zugegeben – etwas seltsam. Kein Wunder also, dass unsere Kinder uns erst mal mit großen Augen angucken. Man kann es beinahe an ihren Gesichtern ablesen, dass sie dabei an Tropenhelme, wilde Löwen und Gewehre denken. Noch abenteuerlicher wird die Sache natürlich, wenn wir ihnen verraten, wohin die Reise geht: an den Amazonas des Nordens. Allerdings – und das wiederum ist sehr beruhigend – ohne Krokodile und Piranhas.

Der Amazonas des Nordens ist nämlich der Fluss Peene und die wilden Tiere, die wir gerne sehen würden, sind die größten Nagetiere Europas: Biber. Dennoch brauchen wir dafür eine besondere Ausrüstung: statt Tropenhelm eine orangerote Rettungsweste, statt Jeep einen Kanadier und in die Hand nehmen wir natürlich kein Gewehr, sondern ein Paddel.

Frank Steinborn vom Kanu-Verleih erwartet uns bereits an der Einsatzstelle gleich unter der Brücke am **Jarmener Hafen**. Dort beginnt für uns nun ein echtes Abenteuer. „Brauchen Sie noch eine Einweisung ins Paddeln?", will der Kanu-Verleiher wissen. „Nein", antwortet selbstbewusst das Männer-Boot – und paddelt davon. „Ja!", findet das Frauenboot – und bekommt die kompakte Kurzversion geliefert: Einer paddelt rechts, der andere links und ich sitze hinten und bestimme die Richtung. Alles klar, denn schließlich haben wir vier schon mal gemeinsam im Spreewald die Wasserstraßen unsicher gemacht. Schwieriger ist das auf der Peene auch nicht, denn der Fluss hat so gut wie keine Strömung. „Die Peene ist auch für Anfänger hervorragend zum entspannten Wasserwandern geeignet", erklärt Frank Steinborn. Und damit natürlich perfekt für Familien. Durchschnittlich 70 bis 80 Meter breit schlängelt sich die Peene meist durch einsame Wälder, blühende Wiesen und stille Auen. Ab etwa acht Jahren kommen Kinder mit dem Paddeln schon ganz gut zurecht. Ein kurzes Stück links abgebogen, an der Mühle vorbei und meine Zehnjährige und ich haben uns wieder eingepaddelt. Wir bilden zwar die ganze Zeit lang das Schlusslicht, aber was macht das schon?

Kaum haben wir den Jarmener Hafen verlassen, umfängt uns sofort die Flussidylle. Paddelschlag für Paddelschlag breitet sich die abendliche Stille über dem Peenetal aus. Andere Menschen werden wir von nun ab die nächsten zweieinhalb Stunden nicht mehr sehen. Wir sind allein mit der Natur und auf der Suche nach den Tieren, die die Abendstunden lieben. Aber das wird irgendwie mehr und mehr zu Nebensache. Ich bin sicher: Die Peene kann süchtig machen und in Gedanken stelle ich mir bereits vor, wie schön es sein muss, innerhalb einer guten Woche bei strahlendem Sonnenschein ganz gemächlich die knapp 100 Kilometer vom Kummerower See bis nach Anklam zu

Mutter und Tochter auf Kanu-Safari

paddeln. Da reißt Frank Steinborn mich aus den Gedanken: Rechter Hand taucht die erste Biberburg auf. Die Vegetation am Ufer ist jetzt im Sommer so hoch, dass man allerdings schon genau hingucken muss. Ohne unseren erfahrenen Führer hätten wir die Burg ganz sicher übersehen. Bis zu einem Durchmesser von zwei Metern können diese Burgen groß werden und bieten dann Platz für bis zu zehn Biber einer Familie: Vater-Biber, Mutter-Biber und dem Nachwuchs aus zwei Jahren. Eine Biberfamilie setzt sich also ähnlich zusammen wie ein Wolfsrudel. Der Eingang zur Burg liegt übrigens immer unter Wasser und so tauchen die ausgezeichneten Schwimmer auch ganz plötzlich an der Wasseroberfläche auf. Dazu muss man aber leise sein und möglichst geräuschlos weiterpaddeln. „Bisher haben wir immer welche gesehen", ist Steinborn optimistisch. Kunststück: Er kennt sich auf der Peene schließlich aus wie in seiner Westentasche. Am Ufer gibt es Abschnitte, da liegt quasi Biberburg an Biberburg. Allerdings haben wir einen etwas ungünstigen Zeitpunkt für unsere „Biber-Safari" gewählt. „Jetzt im Juli sind die Biber besonders vorsichtig", weiß der Kanu-Spezialist. Das ist nämlich die Zeit, in der sie zum ersten Mal ihre Jungen mit zum Peeneausflug nehmen. „Die Alttiere sind da wesentlich entspannter." Dennoch sind die Nager scheu und so weiß auch niemand ganz genau, wie viele von ihnen heute an der Peene leben. Sicher ist nur: Lange Zeit galten Biber in Europa fast als ausgestorben. Auch weltweit existierten Anfang des 20. Jahrhunderts nur noch wenige Exemplare. Seit dem 19. Jahrhundert werden die dämmerungsaktiven Säugetiere geschützt und seit den 1960er Jahren in Deutschland wieder angesiedelt. Mit Erfolg: Von einigen Dutzend

Tieren ist der Bestand mittlerweile auf mehrere tausend angewachsen. So um die hundert davon mögen an der Peene wohnen. Mecklenburg-Vorpommern gehört neben Sachsen, Sachsen-Anhalt, Brandenburg und Bayern zu den Hauptwohnorten der Biber.

Dass sie hier ganz in der Nähe sein müssen, beweist Steinborn eindrucksvoll mit einem blankgenagten 150 Zentimeter langen Ast, den er aus dem Wasser zieht: „Hier kann man gut die Zahnabdrücke erkennen", erklärt er und reicht das Holz an meinen Sohn weiter. Der wird seinen „Biberast" fortan hüten wie einen Schatz. Für den Rest des Urlaubs wird uns das sperrige Ding überallhin begleiten und zu Hause im Garten einen Ehrenplatz bekommen.

Ein paar Paddelschläge weiter ist es endlich soweit: „Dahinten", sagt Steinborn, und weist mit dem Zeigefinger flussabwärts. Tatsächlich: Nur ein paar Meter vor uns schwimmt ein Biber über den Fluss. „Der ist ja ganz schön groß", staunt meine Tochter. Ja. Bis zu 140 Zentimeter kann ein Biber lang werden. Gemessen vom Kopf mit den kleinen Ohren bis zur Schwanzspitze. Wobei der ja die Form einer platten Kelle hat und damit genau genommen gar keine Spitze. Kurz vor dem Ufer taucht der Biber ab und ist in seine Burg verschwunden.

Bis zum Ende der rund sieben Kilometer langen Tour werden wir noch zwei seiner Kollegen sehen, wovon einer ganz dicht am Männerboot vorbeischwimmt. „Der hatte irgendwas im Maul", berichtet mein Sohn.

Auch Kormorane, Graureiher und Fledermäuse begleiten uns bei unserer Reise in die Nacht. Schwimmende Wildschweine sehen wir allerdings nicht. Das kann durchaus passieren, wenn auf der anderen Uferseite etwas Leckeres angebaut wird! „Da kriegen Sie schon einen Schreck, wenn plötzlich eine ganze Wildschweinrotte an Ihnen vorbeischwimmt", lacht Frank Steinborn. Dämmerungspaddeln auf der Peene ist eben ein echtes Abenteuer.

Wie kommt man nach Jarmen?

i

ÖPNV:	Mit dem Bus von Neubrandenburg, Demmin oder Greifswald.
PKW:	A 20, Ausfahrt Jarmen.

Fremdenverkehrsamt Jarmen
Dr.-Georg-Kohnert-Straße 5, 17126 Jarmen

Infos:	Telefon 03 99 97/1 52-0, www.jarmen.de;

Kanu-Verleih Frank Steinborn
Dampferweg 4b, 17126 Jarmen

Infos:	Telefon 03 99 97/1 38 55, Steinborn_Frank@yahoo.de, www.abenteuer-peenetal.de;
Tipps:	Das Dämmerungspaddeln zu Biber & Co. bietet Frank Steinborn in der Saison jeden Freitagabend an. Die Tour dauert zwischen 2 und 3 h und kostet pro Person EUR 7,00. Neben Leihkanus für zwei und drei Personen können auch andere Touren gebucht werden – und preisgünstige Unterkünfte in kleinen Familienpensionen.

Junge Forscher in Aktion

Lilienthals Geburtsstadt lebt den Traum vom Fliegen

Eine Liebe auf den ersten Blick ist die Stadt **Anklam** wahrscheinlich nicht. Dafür wurde mit 70 Prozent im Krieg viel zu viel zerstört. Dennoch kann die Stadt auf den zweiten Blick durchaus begeistern, denn wer sich Zeit nimmt und genau hinguckt, erkennt: Anklam lebt ihn konsequent, den Traum vom Fliegen. Und das ist für kleine Gäste genauso spannend wie für große. Es sind wirklich die Details, die einen Besuch in der Stadt, in der *Otto Lilienthal* 1848 geboren wurde, so lohnend machen.

Wer mit dem Auto anreist, folgt am besten dem ausgeschilderten Weg zum Parkplatz am Hafen. Dort können Besucher ihr Fahrzeug kostenlos abstellen. Über die **Peenebrücke**, eine Holzbrücke für Fußgänger, geht's von da ab ganz bequem auf direktem Wege ins Zentrum. An der Brücke sollten Sie eine kurze Pause einplanen, denn hier befindet sich bereits der erste Spielplatz – mit Wasserklops und Rutsche direkt vom Brückenaufgang abwärts.

Hinter der Brücke erreichen Sie rechter Hand die *Fleischerei Brüsch* und damit das Haus, in dem Otto Lilienthal seine Kindheit verbrachte. Er lebte dort von 1852 bis 1864 und soll hier seine ersten, bereits spektakulären Flugversuche unternommen haben: Vom Kinderzimmerfenster sprang er hinein in den Hof, an seiner entsetzten Mutter vorbei.

Wenn Sie die „Peenestraße" weitergehen, kommen Sie direkt zum Markt. Dort ist im *Rathaus* die Touristinformation untergebracht, in der Sie sich mit Stadtplan und weiteren Informationen versorgen können.

Bevor Sie sich nun endgültig auf die Spuren des berühmtesten Sohnes der Stadt begeben, lohnt ein Abstecher zum **Steintor**. Dieses 32 Meter hohe Werk der Backsteingotik ist als einziges von sechs Stadttoren übrig geblieben. Es hat eine bewegte Geschichte hinter sich und wurde unter anderem als Stadtgefängnis genutzt. Auf dem angrenzenden Hof fand 1853 die letzte Hinrichtung statt. Gut 100 Jahre stand das Tor leer. 1986 wurde es umgebaut und ist seit 1989 **Heimatmuseum**. Auf fünf Etagen zeigt es heute, wie die Menschen der Region früher gelebt haben. Von oben hat man aus 30 Metern Höhe einen schönen Rundblick über die Dächer der Stadt und das Peenetal.

Das hätte sicher auch Otto Lilienthal gefallen und so ist nun endgültig Zeit für seine Geschichte und seine Leidenschaft: das Fliegen. Zwei absolute Höhepunkte hat Anklam da zu bieten: das Otto-Lilienthal-Museum und das Aeronauticon.

Das **Otto-Lilienthal-Museum** ist eins von den Museen, in das man auch mit Kindern mehrmals gehen kann, auch wenn's von außen gar

Otto schaut auf uns herab

nicht so aussieht. Der schönste Teil ist von der Straße nämlich nicht zu sehen: die riesige Glaskuppel, unter der die Nachbauten von Lilienthals eigenwilligen Fluggeräten erst so richtig schön zur Geltung kommen. Da gibt es so viel zu entdecken! Ein Film erzählt Lilienthals spannendes Leben: von den ersten Experimenten in der Kindheit bis zu seinem tödlichen Absturz 1896 bei Stölln in Brandenburg. Computer zeigen Originalfotos seiner Flugversuche und rekonstruieren den letzten Flug, der am 9. August 1896 mit einer Bruchlandung endete. An den schweren Wirbelsäulenverletzungen starb Lilienthal einen Tag später. Wie kompliziert die Physik und Technik rund ums Fliegen ist, können große und kleine Besucher an zahlreichen verblüffenden Experimenten nachvollziehen. Und wer dabei so richtig Lust bekommen hat, selber „abzuheben", kann sein Flugtalent an einem Flugsimulator testen. Vor allem mein Sohn ist davon mehr als begeistert. Zunächst gelingt es ihm allerdings nicht, die Cessna vom Flugplatz Anklam aus zu starten. Doch dann bekommt er unverhofft Hilfe von einem erfahrenen Piloten. „Gar nicht so einfach", tröstet ihn der ältere Herr. „Ich fliege schon seit 1958 – und jetzt zeige ich dir mal, wie das funktioniert!" Kurzerhand tauschen beide die Plätze. Keine Ahnung, wie mein Achtjähriger sich so schnell gemerkt hat, wann er ordentlich Gas geben muss, wann besser nicht, welcher Hebel an der Reihe ist und wie sich das Flugzeug einmal perfekt um den Horizont drehen lässt, aber von da ab kriegt er die Cessna ganz alleine in die Luft! Nur mit der Landung hapert's. Die hat ihm der freundliche Mann nämlich nicht mehr gezeigt und so erinnert sie jedes Mal sehr an Lilienthals allerletzten Flug.

Eine Etage höher kann man sich wieder beinahe märchenhaft dem Traum vom Fliegen hingeben: Dort sind zauberhafte Modelle des Szenographen Harald Serowski zum Thema ausgestellt. Vom fliegenden Teppich bis hin zu Ikarus. Wenn die Ihnen irgendwie bekannt vorkommen sollten: Kein Wunder, denn der Berliner Künstler hat bereits fantastische Fahr- und Flugmobile für den Fernseh-Sandmann angefertigt.

„Besuchen Sie auch unser Freigelände **„Aeronauticon"** auf dem Flugplatz Anklam", empfiehlt die Info-Broschüre des Otto-Lilienthal-Museums. Ein Rat, den Sie unbedingt befolgen sollten, denn sonst verpassen Ihre Kinder wirklich etwas. Allein der Spielplatz ist fast schon die Reise nach Anklam wert. Nur vier Spielgeräte, aber was für welche: Eins ist ein großes Flugzeug ganz aus Holz, das scheinbar gerade abhebt zu seinem Flug in die Wolken. Drinnen gibt es zwei Piloten- und vier Passagiersitze und sogar ein Waschbecken. Wer auf den Sitzen Platz nimmt und sich zurücklehnt, sieht nichts als den Himmel und die Illusion vom Fliegen ist perfekt! Nebenan, quasi als Beiboot, steht ein kleines Flugzeug für kleine Piloten. Dann gibt es noch einen Tower aus Holz und einen Vogel aus Stahl, in den man hineinklettern kann. Wer das Netz aus Tauen hinaufklettert, um in den Bauch des Tieres zu gelangen, lässt den Vogel sogar mit den Flügeln schlagen. Drinnen ist ein bequemes Plätzchen für zwei kleine Himmelsstürmer – oder einen großen. Das wird der Lieblingsplatz meiner Tochter. Alle Geräte sind Spezialanfertigungen für die Lilienthal-Stadt. Da werden Sie Ihre Kinder nicht so schnell wieder wegbekommen.

Außerdem gehört zum Aeronauticon auf dem Gelände des Anklamer Flughafens, das 2004 eröffnet wurde, noch ein **Natur- und Techniklehrpfad**, auf dem sich natürlich alles ums Fliegen dreht. Dabei darf man aber auch getrost um die Ecke denken. Dann wird klar, warum dort auch Blumen und Kräuter einen festen Platz haben: Deren Samen fliegen ja schließlich auch! Auf mehreren Picknickplätzen können Sie sich darüber so Ihre Gedanken machen und sich die Zeit vertreiben, bis Ihre Kinder ausgespielt haben. Auch ein Schulungsgebäude gehört zur Anlage. Dort können Ihre Kinder gegen eine geringe Gebühr unter fachkundiger Anleitung Fluggeräte basteln und sie anschließend von der Abflugrampe am Lehrpfad auch gleich fliegen lassen. Ebenfalls günstig zu haben ist eine Führung über das Gelände des Aeronauticons. Die sollten Sie unbedingt mitmachen, denn dann ist auch der Weg frei ins Schaudepot des Museums. In dieser großen Halle sind alle möglichen Fluggeräte ausgestellt: vom Heißluftballon über den Flugsimulator bis hin zum Ultraleichtflugzeug. Das Besondere daran: Wer will, darf überall Probe sitzen. Nach vorheriger Anmeldung und Absprache sind sogar

Der Spielplatz vor dem Museum

Führungen über den Flugplatz mit Tower-Besichtigung möglich. Spielplatz und Lehrpfad sind übrigens an keinerlei Öffnungszeiten gebunden. Der Eintritt dazu ist jederzeit frei!

i

Wie kommt man nach Anklam?

ÖPNV:	Bahnroute Berlin-Pasewalk-Stralsund
PKW:	A 20, Ausfahrt Jarmen, dann über die B 110, aus Richtung Greifswald bzw. Pasewalk über die B 109.

Anklam-Information
Markt 3, 17389 Anklam

Infos:	Telefon 0 39 71/83 51-54, Fax -75, info@anklam.de, www.anklam.de;

Museum im Steintor
Schulstraße 1, 17389 Anklam

Geöffnet:	Mai bis September	
	dienstags bis freitags	10.00 – 17.00 Uhr
	samstags und sonntags	14.00 – 17.00 Uhr
	Oktober bis April	
	dienstags bis freitags	10.00 – 16.00 Uhr
	samstags und sonntags	14.00 – 17.00 Uhr

Infos:	Telefon 0 39 71/24 55 03, Fax /25 84 71, museumsteintor@t-online.de, www.museum-im-steintor.de;

Otto-Lilienthal-Museum
Ellbogenstraße 1, 17389 Anklam

Geöffnet:	Juni bis September	10.00 – 17.00 Uhr
	November bis April	
	mittwochs bis freitags	11.00 – 15.30 Uhr
	sonntags	14.00 – 17.00 Uhr
	Mai, Oktober und Schulferien	
	dienstags bis freitags	10.00 – 17.00 Uhr
	samstags und sonntags	14.00 – 17.00 Uhr
	(im Winter nur bis 16.00 Uhr)	
Infos:	Telefon 0 39 71/24 55-00, Fax -80, info@lilienthal-museum.de, www.lilienthal-museum.de;	

Lehr- und Erlebnispark Aeronauticon Otto Lilienthal
Am Flugplatz, 17389 Anklam

Infos:	über das Otto-Lilienthal-Museum (s. oben)

Tipps:
Die Lilienthal-Stadt ist ein guter Standort für einen Familienurlaub: Die Insel Usedom ist nah und viele andere Sehenswürdigkeiten liegen quasi vor der Haustür. Wer zum Baden nicht weit fahren möchte, kann sich im idyllischen Bad am *Pinnower See* abkühlen und für einen Ausflug auf die Peene gibt es die *Kanustation Anklam* (www.kanustation-anklam.de). Besonders angenehm: Die Preise in dieser Region sind noch äußerst familienfreundlich.

Kartentipp:

1 : 75 000	Usedom, Wollin (Verlag grünes herz)

51 Vorsicht vor den Meisterdieben!

Im Tierpark Ueckermünde sind die Affen los

Von wegen: „Die Affen rasen durch den Wald"! Im **Tierpark Ueckermünde** am Stettiner Haff sitzen die Mitglieder der Berberaffen-Familie ganz schön brav herum in ihrem 6 000 Quadratmeter großen Affenwald. Genüsslich lausen sie sich gegenseitig und gucken die Besucher, die zu ihnen ins Freigehege kommen, so unschuldig und allerliebst an, als könnten sie kein Wässerchen trüben.

Ich passe auf…

... und ich fress dir aus der Hand.

Wie kleine, fellige Engelchen. Aber das täuscht. Einige von ihnen haben es faustdick hinter den Ohren. „Achtung!“, steht an der Eingangstür zu lesen, „Unsere Affen sind Meisterdiebe!“ Also: Lassen Sie sich vom Blick in die großen braunen Augen bloß nicht einlullen, sonst ist womöglich die teure Digitalkamera weg oder die Käsestulle. Im Schaukasten sind ein paar solcher „Souvenirs“ ausgestellt. Nicht auszudenken, wenn sich da plötzlich der Lieblingsstoffhase ihres Kindes in die Bäume schwingt! So nah wie in Ueckermünde kommt man den Affen in anderen Tierparks selten. Da wird der Weg durchs Freigehege wirklich zum Erlebnis. Wer den putzigen Kerlchen auch in luftiger Höhe Auge in Auge gegenüberstehen möchte, kann in fünf bis sieben Metern ihr Hoheitsgebiet noch mal in einem 45 Meter langen Klettertunnel überqueren. Ebenfalls keine ganz alltägliche Erfahrung.

Auch den Löwen kommt man im Ueckermünder Tierpark ganz schön nahe. Täusche ich mich oder hat Großkater Pazur sich da gerade eben bei unserem Anblick erwartungsfroh die Schnauze geleckt? Uns trennt nur eine Scheibe. Dass sie aus Panzerglas ist, mag da beruhigen. Der Name „Pazur“ ist übrigens polnisch und bedeutet „Kralle“. Gemeinsam mit seiner Partnerin „Naemi“, was auf hebräisch soviel heißt wie „die Liebliche“, herrscht er seit 2001 über die Löwenschlucht. Weil es bei den beiden Liebe auf den ersten Blick war, ist der Tierpark nun regelmäßig um eine Attraktion reicher: um süße kleine Löwenbabys. Bei unserem Besuch waren Katz' und Kater aber gerade mal wieder allein, denn ihr fast erwachsener Nachwuchs ist in einen anderen Zoo umgezogen. Jetzt muss Pazur erst mal ein wenig abspecken: „Wenn die Kleinen da sind, frisst der Kater jedes Mal mehr als ihm gut tut", erfahren wir bei der Schaufütterung der Riesenkatzen. Und noch vieles Interessante mehr über diese beeindruckenden Raubkatzen. Zum Beispiel, dass die Männchen faul und echte Paschas sind. Fast immer überlassen sie das Jagen ihren Weibchen – und werden dann mit durchgefüttert. Ihre einzige Aufgabe besteht im Grunde darin, das Revier zu verteidigen und dafür zu sorgen, dass andere Männchen die Löwinnen in Ruhe lassen. Ein Löwenrudel besteht aus vier bis zwölf Weibchen und deren Jungen und bis zu sechs männlichen Löwen. Bis vor ca. 200 Jahren gab es diese gefürchteten Raubtiere übrigens sogar noch in Griechenland. Auf Knopfdruck kann man die Löwen auch brüllen lassen. Natürlich nicht die echten. Das geht dann durch Mark und Bein. Die Wölfe, die seit 2005 direkte Nachbarn von den Löwen sind, werden sich wahrscheinlich längst an die Töne aus dem Lautsprecher gewöhnt haben.

Auf der einen Seite heimische oder fast wieder heimische Wildtiere, auf der anderen Seite Exoten aus aller Welt: Genau diese Mischung ist es, die den Tierpark Ueckermünde so ungewöhnlich macht. Er ist eben beides: ein Wildpark und ein Zoo. Im Waldtierfreigehege fressen den Besuchern Damhirsche aus der Hand und durch ein anderes Freigehege springen Bennet-Kängurus aus dem fernen Australien. Höhepunkte im Park sind sicher die Schaufütterungen der Löwen, Affen und der Fischotter sowie das Streichelgehege. Der Park ist eher klein und fein, schön angelegt und von mehreren Spielplätzen durchzogen. Um sich die rund 400 Tiere aus 100 verschiedenen Arten anzusehen, sollten Sie sich gemütlich einen ganzen Tag lang Zeit nehmen. Dann entgehen Ihnen auch nicht die überraschenden Details, wie zum Beispiel, dass hinter der schönen Bockwindmühle Wein angebaut wird. So als kleiner Wink mit dem Zaunpfahl, denn schließlich ist Mecklenburg-Vorpommern das nördlichste Weinanbaugebiet Deutschlands.

Nach dem Tierparkbesuch sollten Sie noch ein wenig in der kleinen Stadt an der Ueckermündung bleiben. Die *Altstadt* ist schön restauriert und perfekt für einen Bummel durch historische Gassen. Herrlich der Blick vom Turm des 1546 erbauten *Herzogschlosses*. Bei schönem Wetter reicht er weit über die Dächer der Stadt bis zur Insel Usedom. Heute befindet sich im ehemaligen Schloss das Rathaus und auf drei Etagen ermöglicht das **Haffmuseum** Einblicke in die regionale Geschichte. Beispielsweise in die Zeit des Mittelalters, in der Belagerungen und Pest das Leben bestimmten. Kleine Knappen können dort sogar eine echte Ritterrüstung bestaunen und das Kostüm von Herzog Philipp I.

Ein schöner Ort für eine Pause mit maritimem Flair ist das Restaurant „Backbord" im alten Fischermeisterhaus aus dem Jahre 1879 am Stadthafen. Auf der Terrasse können Sie in Ruhe Ihren

Kaffee oder Tee trinken, während Ihre Kinder sicher sofort das Schiff auf dem restauranteigenen Spielplatz direkt vor Ihrer Nase entern werden.

Wie kommt man nach Ueckermünde?

ÖPNV: Bhf Ueckermünde

PKW: A 20, Ausfahrt Pasewalk-Süd, auf die B 109 über Torgelow.

Touristik-Information Ueckermünde
Ueckerstraße 96, 17373 Ueckermünde

Infos: Telefon 03 97 71/2 84-84, Fax -87, info@ueckermuende.de, www.ueckermuende.de;

Haffmuseum Ueckermünde
Am Rathaus 3, 17373 Ueckermünde

Infos: Telefon 03 97 71/2 84-42, Fax -44, haffmuseum@ueckermuende.de;

Tierpark Ueckermünde e. V.
Chausseestraße 76, 17373 Ueckermünde

Geöffnet:	März bis Oktober	10.00 – 18.00 Uhr
	November bis Februar	10.00 – 15.00 Uhr

Infos: Telefon 03 97 71/54 94-0, Fax -11, info@tierpark-ueckermuende.de, www.tierpark-ueckermuende.de;

Tipp: Beachten Sie die Zeiten für die Schaufütterungen bei Fischottern, Papageien, im Affenwald und bei den Löwen.

Hafenschänke „Backbord“
Altes Bollwerk 2, 17373 Ueckermünde

Infos: Telefon/Fax 03 97 71/5 47 67, www.reederei-peters.de;

Tipp:
Vom Ueckermünder Hafen aus starten Ausflugsboote hinaus auf das *Stettiner Haff* und nach *Polen.* Besonders spannend: ein Segeltörn mit einem echten *Zeesenboot.*

Ganz schön affig!

Anzeige

TIERPARK
UECKERMÜNDE

Tel. 03 97 71-54 94-10 (deutsch)
Tel. 03 97 71-54 94-20 (polnisch)
www.tierpark-ueckermuende.de

Zu den Slawen ins Ukranenland

Der Weg zurück zu den Slawen, die vor gut 1 000 Jahren an der Uecker siedelten, führt mutig hindurch durch mehrere Zeittunnel. Das klingt spannend. Und tatsächlich: Wer sein Auto vor dem Museumsgebäude mit Café auf dem Parkplatz an der Straße zwischen Torgelow und Jatznick abgestellt hat, macht sich auf zu einer Zeitreise. Sie beginnt an einem lichten Waldweg. Dort liegt die erste

Wie filzt man einen Ball aus Wolle?

Zeitschleuse zurück ins 19. Jahrhundert. Wer im 17./18. Jahrhundert angekommen ist, muss sich entscheiden: Gehe ich rechts herum weiter den Naturlehrpfad hinein in den Wald oder doch lieber geradeaus? Beide Wege enden am Eingang des Museumsdorfs **„Ukranenland"**. Auf dem Hinweg nehmen Sie aber am besten den Weg geradeaus, denn nur dann durchschreiten Sie auch wirklich alle Zeitschleusen bis zurück ins 10. Jahrhundert. Wäre ja jammerschade, wenn Sie unterwegs irgendwo in der Zeit stecken bleiben würden!

Außerdem kommen Sie auch nur so an der Rekonstruktion des Torgelower Schlosses vorbei. Die Ruine kann heute noch in der Stadt besichtigt werden, wo sie das Kernstück des neuen **Mittelalterzentrums „castrum turglowe"** bildet.

Ein Stück weiter ist das Modell einer Befestigungsanlage aus dem frühen Mittelalter zu bewundern und wer mag, kann über den Nachbau einer mittelalterlichen Brücke schreiten. Mit der letzten Zeitschleuse ist der Eingang zum Museumsdorf direkt am Ufer der Uecker so gut wie erreicht. Vom hölzernen Eingangstor zum Kassenhäuschen führt eine breite Baumstumpfscheiben-Allee. Darauf lässt es sich prima herumklettern.

Wer das Museum betritt, fühlt sich dann vollends als Zeitreisender, denn nun steht er da, in Jeans und T-Shirt, mitten in einem Ukranendorf vor 1 000 Jahren. Die Ukranen waren ein Stamm der Nordwestslawen, deren Leben im Museum wieder lebendig wird. Die für das 9. und 10. Jahrhundert so typischen reetgedeckten Bohlen-, Block- und Flechtwandhäuser ihrer Siedlung wurden nach archäologischen Funden in Originalgröße rekonstruiert und die Handwerker laufen in überlieferten Gewänder herum. Hammerschläge und Flötenmusik stimmen die Besucher auch akustisch ein und in der Luft liegt beißender Rauch von den Feuerstellen. Überall wird emsig gearbeitet: In der Schmiede fliegen die Funken, in der Filzerei tropft die Kernseife von der Schafswolle, die Töpferscheibe rotiert und beim Schnitzen fliegen die Späne. Dabei dürfen die Besucher den Handwerkern nicht nur ganz intensiv über die Schulter gucken, sondern auch selber aktiv werden. Mitmachen ist im Ukranenland ausdrücklich erwünscht. Gegen einen kleinen Unkostenbeitrag dürfen große und kleine Hobbyhandwerker beispielsweise einen Ball filzen, sich eine Messerklinge schmieden oder kleine Tonperlen formen und verzieren. Für Nachwuchskünstler wie meine Tochter gibt es da natürlich wieder mal kein Halten mehr (s. auch Kapitel 6 und 36).

Höhepunkt im Slawendorf ist eine Reise mit einem der historischen Schiffe die Uecker entlang. Zwischen 11.00 und 16.00 Uhr wird dabei stündlich eine Mannschaft zusammengetrommelt, die für einen Euro pro Nase möglichst gleichmäßig mit den Rudern in die Uecker sticht. Drei solcher Slawenboote sind mittlerweile seit Mitte der 1990er Jahre in der historischen Werft des Ukranenlandes vom

Stapel gelaufen: SVAROG, SVANTEVIT und AGNES. Das Projekt, auch Schiffe nach archäologischen Funden originalgetreu zu rekonstruieren, führt übrigens der Schiffsbauer Dirk Krotz mit jungen Arbeitslosen durch.

Leinen los zur Expedition!

Nachdem dann auch noch die eine oder andere slawische Jagdtechnik ausprobiert wurde, kann es langsam zurückgehen in Richtung Gegenwart. Da ist jetzt der Weg gleich links herum über den Naturpfad der richtige. Mit etwas Glück knabbern Schafe am Gras und die Kinder können mit den Tieren um die Wette blöken. Unterwegs zu bestaunen gibt es noch einen heiligen Hain und ein Kräuterhaus. Kaffee, Kuchen, kühle Getränke und kleine Snacks verkauft preisgünstig das Café am Parkplatz. Dort kann man es sich sogar auf Fellen gemütlich machen.

Wie kommt man nach Torgelow?

ÖPNV:	Bhf Torgelow an der Bahnstrecke Pasewalk – Ueckermünde.
PKW:	B 105 oder B 109 nach Torgelow, der Weg zum Ukranenland ist von dort aus gut ausgeschildert.

Stadtinformation Torgelow

Bahnhofstraße 2, 17358 Torgelow

Infos:	Telefon 0 39 76/25 21 54, www.torgelow.de;

Ukranenland – Historische Werkstätten e. V.
Jatznicker Straße 31, 17358 Torgelow

Geöffnet:	im Sommer täglich	10.00 – 17.00 Uhr
Infos:	Telefon 0 39 76/20 23-97, Fax -03, info@ukranenland.de, www.ukranenland.de;	
Tipp:	Bis September wird jeden Sonntag ab 13 Uhr im Lehmofen Brot gebacken.	

Mittelalterzentrum „castrum turglowe“
Breite Straße/Friedrichstraße, 17358 Torgelow

Infos: s. oben Ukranenland

Tipps:
Wer beide Einrichtungen besuchen möchte, sollte sich eine Kombikarte kaufen. Familien zahlen dann EUR 13,00 statt EUR 15,00.

An jeweils einem Wochenende im Sommer wird im „castrum turglowe“ Ritterfest an der Burgruine gefeiert und im „Ukranenland“ Museumsfest.

Außerdem lohnend: das *Heidebad* von Torgelow mit seiner 55-Meter-Rutsche. Es liegt direkt am Wald und gilt als eines der schönsten im Norden des Landes (Telefon 0 39 76/20 26 60).

Feuerstelle im Slawendorf

Burg Landskron: Norddeutschlands schönste Ruine

Das hätte sich der alte Ulrich von Schwerin gewiss nicht träumen lassen: Nur etwa 100 Jahre lang war seine Burg bewohnt – als Ruine sorgt sie aber auch noch heute, mehr als 300 Jahre später, für Begeisterung. „Mann, sieht die cool aus", ist meine Tochter tief beeindruckt. Stimmt. Ein größeres Kompliment kann man einer Ruine wohl kaum machen. Immer noch sind Glanz und Schönheit von **Burg Landskron** zu erahnen. 24 Kilometer liegt sie südwestlich von Anklam malerisch auf einem Hügel, der sich aus sumpfigen Wiesen erhebt. Ein schöner Platz für eine Burg, mag Ulrich II. von Schwerin sich so gedacht haben, als er in der Nähe des Gutes seines Vaters Ulrich I. 1576 den Startschuss zu den Bauarbeiten gab. Zwei Jahre später war seine stolze Burg fertig und er konnte gemeinsam mit seiner Frau Katharina von Waldenfels im Schlosse residieren. Da war er 40 Jahre alt. Über dem Eingang thronte noch bis vor ein paar Jahrzehnten ein Steinbild von den beiden. Dann war es irgendwann verschwunden und auch die Spur von Ulrich samt Gemahlin verliert sich im Dunkel der Geschichte. Das Dorf, in dem sein Vater lebte, ist ebenfalls wie vom Erdboden verschluckt.

Nur die vier Ecktürme von Landskron strecken sich noch immer voller Stolz in den Himmel. Wirkungsvoll umrankt frisches Grün die Reste der alten Feldsteinmauern. Keine Frage: ein Ort voller Romantik, an dem sich Kinder natürlich sogleich in Burgfräulein und edle Ritter verwandeln. Unentwegt schießt mein Sohn unsichtbare Pfeile auf unsichtbare Feinde ab. Was mögen diese Mauern sonst noch so alles gesehen haben?

Ganz sicher den Dreißigjährigen Krieg. Der stürzte zwischen 1618 und 1648 nicht nur ganz Pommern in Not und Elend, sondern zwang auch den damaligen Besitzer der Burg, Jürgen von Petz, Landskron aufzugeben. Zu sehr drückten die Schulden und so ging die Burg ein paar Jahrzehnte von Hand zu Hand. Als 1699 ein entfernter Verwandter des Hauses Schwerin-Altwigshagen das Anwesen für 13 000 Taler zurückkaufte, hatte es bereits mehr als 50 Jahre leer gestanden und war nicht mehr zu retten. Nur gut 100 Jahre nach Baubeginn und Landskron war Ruine.

Stück für Stück verfiel die Burg. Aber – und das soll ihr erst mal jemand nachmachen – mit Anstand und Würde. Im 19. Jahrhundert erlebte die Ritterromantik eine Renaissance und Landskron wurde zu einem beliebten Ausflugsziel. Dafür wurde die Küche der Burg abgerissen und an gleicher Stelle ein Burgkrug gebaut. Der südöstliche Eckturm bekam eine Treppe und einen Balkon und so konnten die Romantiker von dort weit hineinblicken ins idyllische Landgrabental.

Aber auch diese Zeit war irgendwann vorbei und Landskron fiel wieder in einen Dornröschenschlaf. Seit ein paar Jahren kümmert sich

Aus Kindern werden plötzlich edle Ritter

nun ein Verein um die Burgruine. Die vier Ecktürme sind mittlerweile saniert und eine hölzerne Brücke führt zum Schloss. Über eine Wendeltreppe geht es hinauf in den südöstlichen Turm, in dem drei übereinander liegende Räume besichtigt werden können. Der Blick von den beiden Balkonen reicht über die ganze Anlage. Viel weiter allerdings auch nicht, denn längst säumen mächtige Stileichen mit einem Stammumfang von bis zu 4,50 Metern den Burghof. Sie sind annähernd so alt wie die Burg. Unten, am Fuße des Turmes, können kleine Ritter und Burgfräuleins sich ein wenig gruseln und einen Blick durch ein Fenster ins Burgverlies werfen.

Von der stillen Burgruine Landskron sind es nur rund sieben Kilometer bis zur **Burg Klempenow** am Flüsschen Tollense. Sie hat viel mehr Jahre auf dem Buckel als Landskron, denn ihr Baubeginn wird auf das Jahr 1236 datiert. Und doch sieht sie mittlerweile wieder richtig gut aus: Seit 1991 kümmert sich der Verein „Kultur-Transit-96“ Stück für Stück um die Sanierung. So ist rund um das alte Gemäuer ein Kulturzentrum entstanden, das sich mit seinem vielfältigen Veranstaltungsprogramm zu einem echten Publikumsmagnet entwickelt hat. Das Angebot reicht von Ausstellungen über Kino, Tanzveranstaltungen, Jahrmarkt, Theater, Adventsmarkt bis hin zu stimmungsvollen Märchenstunden im Kaminzimmer des alten Turms. Auch Führungen durch die historische Anlage werden wieder angeboten. Es gibt einen Kanu- und Fahrradverleih, einen Spielplatz und einen wunderschönen Kräuter- und Blumengarten, in dem es grünt und blüht, summt und surrt. Frisch gepflückt zieren die Blumen die Vasen auf den Tischen des kleinen Burgcafés, frisch gewiegt würzen die Kräuter die köstlichen Suppen.

Wie kommt man zur Burgruine Landskron?

PKW:	Von Jarmen bzw. Neubrandenburg über die B 96 bis Klempenow, von dort über die B 199 Richtung Anklam. Nur ein paar Kilometer und der Weg zur Burg rechts ab ist ausgeschildert.
Geöffnet:	Die Burganlage ist frei zugänglich.
Infos:	über das Tourismusbüro Janow: Telefon 03 97 23/2 04 00. Auch Führungen sind möglich.

Verein „Kultur-Transit-96“ e. V.
17089 Breest-Klempenow

Infos:	Telefon/Fax 0 39 65/21 13 31, verein@burg-klempenow.de, www.burg-klempenow.de;

Tipp:
Der Laden im Torhaus zu Füßen von Burg Klempenow verkauft kunstgewerbliche Souvenirs und hausgebackenen Kuchen in wohlduftender Atmosphäre.

Ortsverzeichnis
(mit Kapitelangaben)

Spiel, Spaß und Unterhaltung

Wenn es um aktuelle Informationen rund um Freizeit und Erholung geht, sind Sie bei uns genau richtig. Als größte Tageszeitung Mecklenburg-Vorpommerns informieren wir Sie über alles, was Sie hier erleben können.

Erhältlich überall dort, wo es Zeitungen gibt.

OSTSEE ZEITUNG
Weil wir hier zu Hause sind

Stichwortverzeichnis
(mit Kapitelangaben)